Ratgeber

Amanos Naturaquarien

Takashi Amano

Wasserpflanzenparadiese
und die Welt der Salmler

Herstellung und Gestaltung: bede-Verlag

Originalausgabe in Japan unter dem Titel „Aqua Journal“. Übersetzung und Bearbeitung in Lizenz von Aqua Design Amano.

Fachliche Durchsicht und Bearbeitung des deutschen Texts:
Dr. rer. nat. Jürgen Schmidt, Ruhmannsfelden

ISBN 3-931 792-08-0

INHALT

ADA
aqua design amano

Der Naturfotograf Takashi Amano stammt aus der Japanischen Stadt Niigata, die auch als Hochburg der Koizucht bekannt ist. Waren schöne mit Wasserpflanzen eingerichtete Aquarien ursprünglich in der Japanischen Aquaristik nicht bekannt, so änderte sich dies durch die fantastischen Fotos von Takashi Amano. Durch seine unschätzbare Vorarbeit gehören heute auch in Japan Wasserpflanzengärten zur Selbstverständlichkeit in der Aquaristik.
In seiner Art, Aquarien einzurichten, beschritt Amano völlig neue Wege. Dabei orientierte er sich an der traditionellen Japanischen Gartenkunst und an den Prinzipien des Zenbuddhismus. In Japan konnte sich dieser neue Trend deshalb so gut durchsetzen, weil Amano mit seiner Firma Aqua Design Amano Co. Ltd. nicht nur Anleitungen zum Betrieb schöner Aquarien, sondern auch die passenden Produkte zur praktischen Anwendung dieser Ideen liefert.
Inzwischen fand die Aquarieneinrichtung nach den Prinzipien Amanos auch in Amerika und Europa Anerkennung. Viele Naturfreunde in der Aquaristik haben sich auf die Gestaltung solcher Aquarien spezialisiert. Amanos Naturaquarien unterscheiden sich deutlich von den bisher bekannten Europäischen Pflanzenaquarien, wie sie beispielsweise bevorzugt aus den Niederlanden bekannt sind. Die Japanischen Aquarien sind näher nach dem Vorbild der Natur gestaltet, obwohl sie dennoch keine vollständigen Kopien der natürlichen Landschaft sein können.
Künstlerische Schwerpunkte werden durch gezielt ausgewählte Steine oder schöne Wurzelhölzer erreicht. Der Betreiber eines Naturaquariums darf nicht ständig in die selbsttätig ablaufenden ökologischen Prozesse eines solchen Aquariums eingreifen. Wesentlich am Betrieb der Naturaquarien nach Amanos Prinzipien ist der Einsatz von Kohlendioxid. Das wird oft sogar an der Bildung von Sauerstoffblasen an den Wasserpflanzen sichtbar. Diese Sauerstoffblasenbildung wird teilweise direkt als Dekorationsmedium genutzt.

Takashi Amano ist mit seiner Art Aquarien einzurichten völlig neue Wege gegangen...

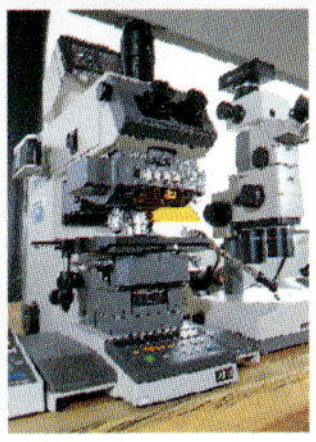

Einleitung

Takashi Amanos Aquarienphilosophie ist einzigartig. Die zunehmende Begeisterung für seine Japanischen Naturaquarien führte zu einem regelrechten neuen Boom in der Aquaristik.
Trotz wiederholter Einrichtungsvorschläge und vielen Gestaltungshinweisen in seinen Büchern gingen die meisten Versuche zur Nachgestaltung seiner Aquarien fehl. Wahrscheinlich liegt der Schlüssel in eben diesen Nachahmungsversuchen. Amanos Aquarien sind und bleiben einmalig. Trotzdem - was können wir tun? Wollen wir doch ebenfalls schöne Aquarien in unseren Wohnzimmern haben, die nicht alle nach dem nahezu einheitlichen Schema Holländischer Wasserpflanzengärten aufgebaut sein sollen.
Die einmaligen Japanischen Naturaquarien können uns dennoch als kreative Stütze für eigene realisierbare Ideen dienen.
Dies ist sicherlich die realistischere Idee. Betrachten wir deshalb die prachtvollen Bilder in diesem Buch und lassen sie uns als kreative Vorlagen dienen, die wir für eigene Gestaltungsentwürfe nützen können. Doch auch wenn wir das Buch lediglich zum Blättern und Betrachten der schönen Abbildungen nutzen, werden wir sicherlich viel Freude daran haben.
Salmler sind beliebte Aquarienfische, die seit Anbeginn der Aquaristik aufgrund ihrer oft prächtigen Farben besonders beliebt sind. Gerade diese Fische sind besonders für schöne Pflanzenaquarien geeignet. Es gibt allerdings auch Pflanzenfresser und sehr groß werdende Arten unter ihnen. Diese und andere Salmler sollen in einem weiteren Ratgeber zum Thema Salmler vorgestellt werden. In diesem Buch stehen jedoch weniger die Fische und mehr die Pflanzen im Vordergrund, doch gehören die Fische ebenso zum schön gestalteten Aquarium wie die Pflanzen und die weiteren Einrichtungsgegenstände.
Bei den ausgewählten Aquarien handelt es sich also vornehmlich um Salmleraquarien, in einzelnen Fällen mit weiteren Arten, beispielsweise mit Zwergbuntbarschen oder kleinen Harnischwelsen vergesellschaftet. Zu den Aquarien wurden aufgrund des Interesses an der möglichen Nachgestaltung ähnlicher Aquarien Artenlisten sowohl der Wasserpflanzen als auch der Fische hinzugestellt.
In den Artenlisten führen wir sowohl den wissenschaftlichen als auch den deutschen Namen an. Erstere sind jedoch wichtiger, weil viele Arten unter unterschiedlichsten deutschsprachigen Bezeichnungen bekannt sind und letztere zur allgemeingültigen Verständigung besser beitragen. Außerdem sind die Maße der vorgestellen Aquarien angegeben, jeweils in den Abmessungen Länge x Tiefe x Höhe in Zentimetern, sowie weitere wichtige Daten des Aquariums.
Einige Gestaltungsvorschläge und Hinweise sollen die Gestaltung Ihres eigenen Japanischen Naturaquariums erleichtern.

Welt der Salmler

Natur und Aquarium

Es wäre vermessen, eindrucksvolle Biotope im kleinen Maßstab im Aquarium nachempfinden zu wollen. Trotzdem - schöne Landschaftselemente sollten dem kreativen Aquarianer eine Inspiration sein...

In der Muromachi-Zeit (1338-1573) wurden in der Japanischen Gartenkunst die grandiosen Chinesischen Berg-Wasserlandschaften auch bei begrenztem Platzangebot nachgebildet.
Der Schwerpunkt meiner Arbeit liegt darin, Landschaften nach dem Vorbild der Natur zu erschaffen.
In Zen-Gärten im Stil des Karesansui wird versucht, den Kosmos auf kleinstem Raum darzustellen und so im Kleinen das Große nachzubilden.

Eine kleine Lichtung am Bach im Tropenwald. Die Steine über der Wasseroberfläche sind mit Moos bewachsen. Zwischen den Baumriesen, von denen einige aus Altersgünden zusammengebrochen sind, wachsen junge Bäume, Kräuter und Farne.
Über allem liegen die Geräusche des fließenden Wassers; verstärkt durch das Rauschen, verursacht von kleinen Stromschnellen.

Für die Nachbildung der Natur und für das Studium der Anordnung von Steinen und den Gesamtentwurf eines Landschaftsgartens im Karesansui-Stil sind der Hojonan-Garten im Daitokuji-Tempel, der Hojohoku-Garten im Ryugenin-Tempel, der Hojohoku-Garten im Daisenin-Tempel, der Hojo-Garten im Ryoanji-Tempel, der Hojohoku-Garten im Entokuin-Tempel und der Garten im Tenryui-Tempel besonders lehrreiche Beispiele. Sie unter Wasser darzustellen erfordert zudem viel Einfühlungsvermögen.

„Böen im Dschungel“

Glossostigma elatoides im Vordergrund und *Hydrocotyle verticillata* im mittleren Teil des Aquariums haben ähnliche Blattformen aber sehr unterschiedliche Größen. sie kontrastieren zum mit Javamoos und Kongofarn bewachsenen Holz.

Es ist wichtig, daß - bei aller Unterschiedlichkeit - harmonierende Pflanzenarten ausgewählt werden.

Pflanzen und Tiere s. S. 13.

Einrichtung und Pflanzplan für das Salmleraquarium „Böen im Dschungel“:
Wenn das Holz, so wie es ist, verwendet wird, so bringt es ein Ungleichgewicht in die Unterwasserlandschaft. Daher empfiehlt sich die Dekoration der Hölzer mit Moosen wie Quell- und Javamoos und mit Farnen wie Java- und Kongofarn.
Bei der Befestigung ist darauf zu achten, daß das Moospolster nicht zu dick ist. Nach etwa zwei Monaten hat sich der Baumwollfaden aufgelöst und das Moos ist inzwischen festgewachsen.

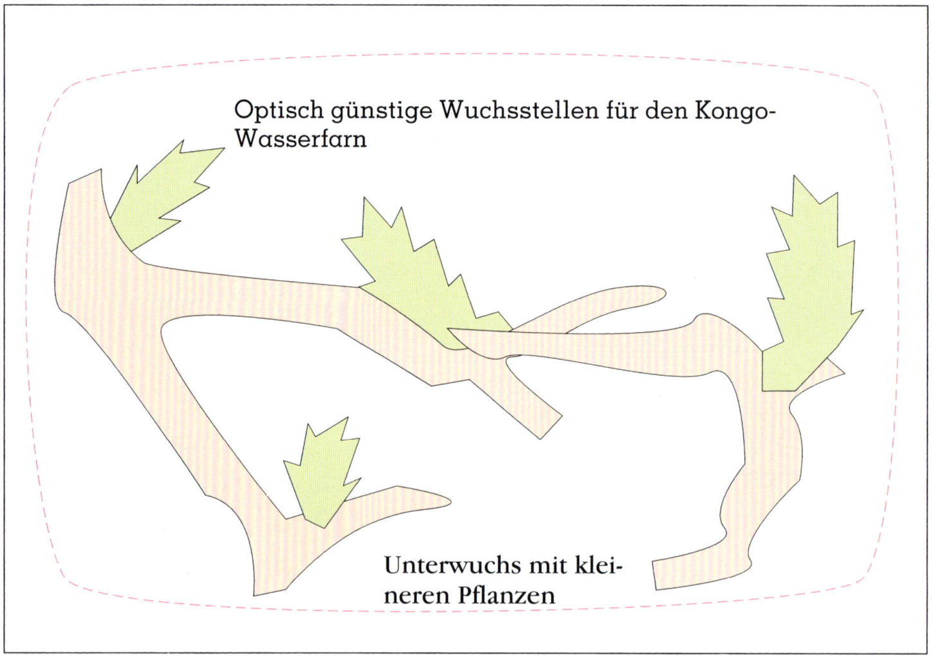

Nematobrycon palmeri

Der Kaisersalmler

Inpaichthys kerri

Der Königssalmler

Megalamphodus roseus

Der Gelbe Phantomsalmler

Hyphessobrycon herbertaxelrodi

Der Schwarze Neon

Böen im Dschungel

Königssalmler und Kongo-Wasserfarn.

Unterwasserlandschaften mit dem Kongofarn lassen das Aquarium als Sommerlandschaft erscheinen. Das kräftige Grün der Pflanzen läßt den Betrachter die Kraft des Sommers förmlich spüren.

Nur bei sachgerechter Pflege wird aus dem zunächst unscheinbaren *Inpaichthys kerri* ein echter „Königssalmler".
Bei gedämpftem Licht und dunklem Bodengrund kommen die Königssalmler richtig zur Geltung. Es sind aktive und friedfertige Schwarmfische, die einen freien Schwimmraum benötigen, aber auch dichtere Pflanzenbereiche, in die sie sich zurückziehen können.

Außenfilterung des Aquariums über Biofiltermaterial, Bodengrund aus feinem Sand, CO_2-Düngung, etwa zwei Blasen pro Sekunde, und wöchentliche Wasserwechsel, etwa $^1/_2$ des Volumens.

Daten

60 x 30 x 36 cm, ADA-Cube-Garden,
4 x 20 W, 10 Stunden pro Tag (h/d),
24 °C, pH 7,0, 2 °dGH, 7 °dKH.

Für alle Größenangaben der folgenden Aquarien gilt: Länge x Tiefe x Höhe

Bolbitis heudelotii	Kongo-Wasserfarn
Vesicularia dubyana	Quellmoos
Glossostigma elatinoides	Australisches Zungenblatt
Hydrocotyle verticillata var.	Amerikanischer Wassernabel
Hydrocotyle maritima	Europäischer Wassernabel
Riccia fluitans	Teichlebermoos
Caridina japonica	Yamatonuma-Garnele
Inpaichthys kerri	Königssalmler
Nematobrycon lacortei	Regenbogen-Kaisersalmler
Nematobrycon palmeri	Kaisersalmler
Otocinclus sp.	Zwerg-Harnischwels

Die Yamatonuma-Garnelen und Zwerg-Harnischwelse befinden sich als Algenfresser in allen Aquarien. Yamatonuma-Garnelen sind in Europa nicht erhältlich und sind eventuell durch andere Arten ersetzbar. Ergebnisse hierzu sind bisher noch nicht bekannt.
Zwerg-Harnischwelse bleiben erheblich kleiner als die gewöhnlich zur Algenbekämpfung gepflegten *Ancistrus*-Arten, sie sind allerdings auch empfindlicher.

Auch *Cryptocoryne*-Arten eignen sich für die Bepflanzung des Salmleraquariums.

„Der Garten der Muse“

Nannostomus espei

Daten

40 x 40 x 40 cm, 3 x 27 W, 10 h/d, 25 °C, pH 7,0, 4 °dGH, 5 °dKH.	Vollglasaquarium mit Pflanzenleuchten

Bolbitis heudelotii	Kongo-Wasserfarn
Cryptocoryne wendtii var.	Wendts Wasserkelch
Cryptocoryne wendtii var.	-
Vesicularia dubyana	Javamoos
Hydrocotyle verticillata var.	Amerikanischer Wassernabel
Lilaeopsis brasiliensis	Brasilianische Graspflanze
Ludwigia arcuata	Schnabelblättrige Ludwigie
Rotala macrandra sp.	Dichtblättrige *Rotala*
Sagittaria subulata forma *pusilla*	Flutendes Pfeilkraut
Caridina japonica	Yamatonuma-Garnele
Nannostomus espei	Espes Ziersalmler
Otocinclus sp.	Zwerg-Harnischwels

Außenfilterung des Aquariums über Biofiltermaterial (Bio Rio und Aktivkohle), Bodengrund aus feinem Sand, CO_2-Düngung, etwa zwei Blasen pro Sekunde und regelmäßige Wasserwechsel, etwa $^1/_3$ des Volumens alle fünf Tage.

Espes Ziersalmler, *Nannostomus espei*, stellen relativ hohe Ansprüche an die Wasserqualität. Unter ungünstigen Bedingungen sind diese Fische sehr scheu. Sie verstecken sich dann unter Wurzeln oder Pflanzenblättern. Bevorzugt halten sie sich dicht unter der Oberfläche oder in mittleren Bereichen im Freiwasser auf. Die friedfertigen Schwarmfische gehen in der Natur erst in der Dämmerung auf Nahrungssuche und sind dann auch etwas aktiver. Die Pflege im Artaquarium ist die sinnvollste Unterbringung dieser Fische.

„Der Garten der Muse"

Im „Garten der Muse" findet der Betrachter sowohl Elemente dichter Bepflanzung, die den Fischen die notwendigen Rückzugsmöglichkeiten verschaffen, als auch freien Schwimmraum für die Ziersalmler über den niedrigwüchsigen Vordergrundpflanzen.

Dieses Aquarium ist eine ausgewogene Komposition auf der Basis zweier Dreiecke, die von zwei Seiten aus betrachtet werden kann.
Im Hintergrund wurden die Wasserpflanzen dichter eingesetzt, um den Eindruck eines Dschungels, unterstützt durch das Holz, hervorzurufen. Der Vordergrund wird von einer „Wiese" eingenommen. Auf diese Weise wurden Vorder- und Hintergrund harmonisch miteinander verbunden.

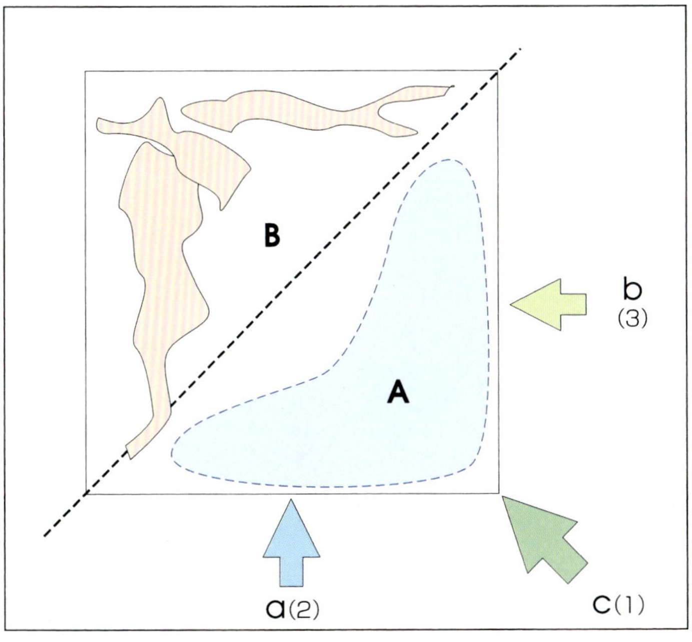

Pflanzplan

A - Niedrig wachsende Pflanzen des Vordergrunds,
B - Bewachsenes Moorkienholz.

Fotoansichten:
a - Seite 16,
b - Seite 17 (oben),
c - Seite 14/15.

„Der Glanz des Wäldchens“

Die Szene wird auf der linken Seite vom mit Javamoos bewachsenen Holz und der roten Pflanze, der Ludwigie, beherrscht. Dem steht der freie Schwimmraum auf der rechten Seite gegenüber.
Durch die Kombination von bewachsenem Holz und roter Pflanze wird eine interessante Spannung erzeugt.

Außenfilterung des Aquariums über Biofiltermaterial, Bodengrund aus feinem Sand, CO_2-Düngung, etwa drei Blasen pro Sekunde und wöchentliche Wasserwechsel, etwa $^1/_2$ des Volumens.

Daten, Pflanzen und Tiere siehe Seite 20.

Daten

60 x 30 x 36 cm, ADA-Cube-Garden,
4 x 20 W (NA-Leuchten), 10 h pro Tag,
24 °C, pH 7, 3 °dGH, 6 °dKH

Cryptocoryne beckettii var. *pechii*	Becketts Wasserkelch
Cryptocoryne walkeri var. *lutea*	Walkers Wasserkelch
Cryptocoryne wendtii var.	Wendts Wasserkelch
Echinodorus tenellus	Zarte Schwertpflanze
Vesicularia dubyana	Javamoos
Hemianthus micranthemoides var.	Zierliches Perlenkraut
Micranthemum unbrosum	Rundblättriges Perlenkraut
Lagarosiphon madagascariensis	Madagassische Wasserpest
Ludwigia arcuata	Schmalblättrige Ludwigie
Riccia fluitans	Teichlebermoos
Caridina japonica	Yamatonuma-Garnele
Megalamphodus sweglesi	Roter Phantomsalmler
Otocinclus sp.	Zwerg-Harnischwels
Paracheirodon innesi	Neonsalmler
Thayeria obliqua	Pinguinsalmler

„Der Glanz des Wäldchens“

Der Hintergrund bestimmt die Wirkung des Aquariums.

Der Pinguinsalmler, *Thayeria obliqua*, ist ein unscheinbar wirkender Schwarmfisch, der durch seine ungewöhnliche, gattungstypische, schräge Schwimmweise auffällt. Durch die gemeinsame Pflege von farbigen Fischen wie dem Neon und dem Phantomsalmlern mit weniger auffälligen Arten wird die Farbe der bunten Fische zusätzlich betont.
Im Gesellschaftsaquarium wird der Betrachter der Beobachtung nicht müde und schließlich finden auch die weniger bunten Fische aufgrund ihrer Besonderheiten entsprechende Beachtung. Wie alle Salmler bevorzugt auch der Pinguinsalmler einen dunklen Bodengrund, eine dichte Bepflanzung, klares Wasser und möglichst viele Artgenossen für die Pflege im Schwarm.

„Der Glanz des Wäldchens“

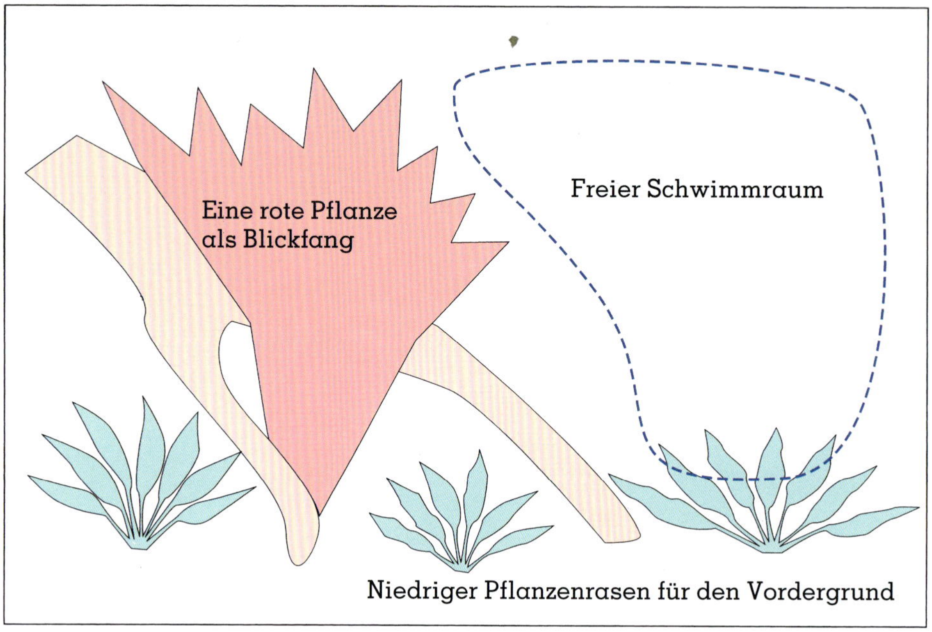

Trübungen

Trübes Wasser und Algenblüten werden oft durch Nährstoffüberschuß verursacht. Die Erscheinung kann durch eine kräftige Filterung beseitigt werden, doch müssen deren Ursachen ermittelt werden, um eine dauerhafte Besserung zu erzielen.
Wird nicht zuviel gefüttert? Ist die Düngung der Pflanzen auf deren Wachstum abgestimmt? Stimmen die ermittelten Wasserwerte mit den gewünschten Werten überein?

Der hellgrüne Wuchstyp des Riesenwasserfreunds, *Hygrophila corymbosa*, wirkt im Salmleraquarium belebend und auflockernd.

Der Rotmaulsalmler, *Hemigrammus rhodostomus*, harmoniert hervorragend mit der ausgewählten Pflanzenkomposition.

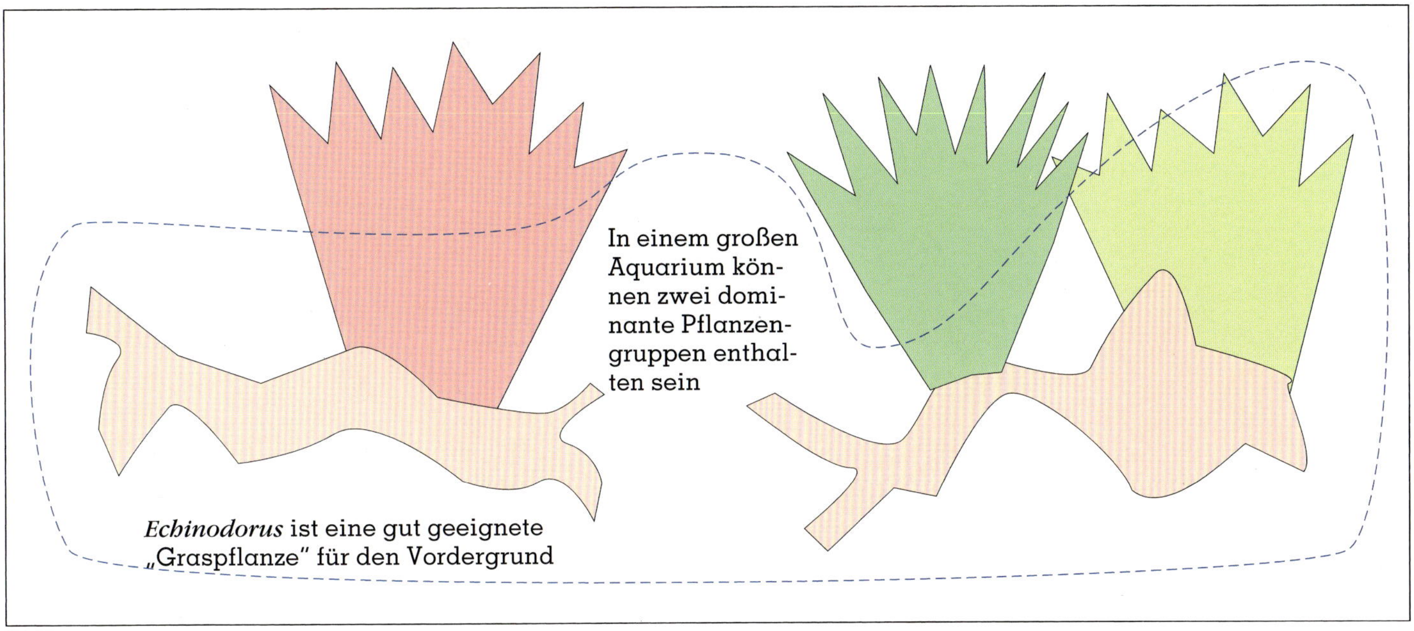

„Majestätischer Wald"

Pflanzplan
„Majestätischer Wald"

Daten

Aquarium s. S. 24/25.

120 x 45 x 45 cm, Glasaquarium,
12 x 20 W (NA-Leuchten), zehn Stunden pro Tag (10 h/d)
25 °C, pH 6,5, 3 °dGH, 4 °dKH.

Außenfilterung des Aquariums über Biofiltermaterial, Bodengrund aus feinem Sand, CO_2-Düngung, etwa vier Blasen pro Sekunde und wöchentliche Wasserwechsel, etwa $^1/_3$ des Volumens.

Alternanthera sessilis var. *lilacina*	Sitzendes Papageienblatt
Anubias barteri var. *nana*	Zwergspeerblatt
Cryptocoryne crispatula var. *balansae*	Grasblättriger Wasserkelch
Cryptocoryne beckettii var. *petchii*	Becketts Wasserkelch
Cryptocoryne undulata	Gewellter Wasserkelch
Cryptocoryne walkeri var. *luteus*	Walkers Wasserkelch
Cryptocoryne X *willisii* var. *lucens*	Willis Waserkelch
Echinodorus tenellus	Zarte Schwertpflanze
Eleocharis acicularis	Nadelsimse
Vesicularia dubyana	Javamoos
Glossostigma elatinoides	Australisches Zungenblatt
Hemianthus micranthemoides	Zierliches Perlenkraut
Hydrocotyle maritima	Wassernabel
Hygrophila corymbosa	Riesenwasserfreund
Hygrophila guianensis	Guyanischer Wasserfreund
Hygrophila polysperma	Indischer Wasserfreund
Lilaeopsis sp. Mauritius	Mauritius-Graspflanze
Ludwigia arcuata	Schmalblättrige Ludwigie
Microsorum pteropus	Javafarn
Riccia fluitans	Teichlebermoos
Sagittaria subulata forma *pusilla*	Flutendes Pfeilkraut

„Majestätischer Wald"

Das Aquarium wirkt durch die beiden Pflanzengruppen in zwei Hälften gegliedert. Würde die rote Gruppe in die Mitte gesetzt, so würde das Aquarium übersichtlicher, aber auch kleiner wirken. Durch die „Zweiteilung" wird der Blick des Betrachters dazu verleitet, ständig von einer zur anderen Seite zu wandern

Caridina japonica	Yamatonuma-Garnele
Carnegiella marthae marthae	Schwarzschwingen Beilbauchfisch
Gasteropelecus sternicla	Silberbeilbauchfisch
Hemigrammus rodwayi var. *armstrongi*	Goldtetra
Hemigrammus bleheri	Rotnase
Hemigrammus erythrozonus	Glühlichtsalmler
Hemigrammus ulreyi	Flaggensalmler
Hyphessobrycon callistus	Blutsalmler
Hyphessobrycon herbertaxelrodi	Schwarzer Neon
Hyphessobrycon scholzei	Schwarzbandsalmler
Megalamphodus roseus	Gelber Phantomsalmler
Megalamphodus sweglesi	Roter Phantomsalmler
Otocinclus sp.	Zwerg-Harnischwels
Paracheirodon axelrodi	Roter Neon
Paracheirodon innesi	Neon
Paracheirodon simulans	Schein-Neon
Thayeria boehlkei	Schrägsteher

Salmler-Gesellschaft

Die bunte Gesellschaft wirkt ein wenig verwirrend. Oft ist durch die Beschränkung auf weniger Arten mehr zu bewirken.

Schrägschwimmer

Roter Neon

Flaggensalmler

Optische Eindrücke aus dem Salmler-Gesellschaftsaquarium.

„Majestätischer Wald“

Die Szene wird von den roten Pflanzen geprägt.

Für den Aquarianer, der eine lebendige Gesellschaft liebt, ist ein Salmlergesellschaftsaquarium ideal.

Die Einrichtung des Aquariums

Am Beispiel eines 90 cm langen Aquariums wird die Einrichtung eines schönen Pflanzenaquariums für Amerikanische Salmler dargestellt.

Der Standort muß waagerecht sein und das Aquarium wird mit einer druckfesten Unterlage versehen, die eventuell vorhandene Unebenheiten ausgleicht, die trotz sorgfältiger Prüfung der Stellfläche des Aquariums übersehen worden sein könnten.
Das Aquarium darf nicht zu nah an einem Fenster stehen, weil das Sonnenlicht das Algenwachstum fördert. Außerdem konkurriert das Licht der Aquarienbeleuchtung mit dem Tageslicht und läßt das Aquarium blaß erscheinen.
Der Standort des Aquariums muß gut geplant sein und darf nicht in in einer spontanen Entscheidung ausgewählt werden, da es so meist zu Fehlentscheidungen kommt.

Der Dünger und das Bodengrundmaterial werden vorbereitet und in der Reihenfolge, in der sie einzubringen sind - natürlich außerhalb des Aquariums -, bereitgestellt.
Der Kies oder Blähton wird unter fließendem Wasser gut gewaschen, um das Einbringen von unbekannten Trüb- und Fremdstoffen zu unterbinden.
Manchen Typen des Blähtons schwimmen im Wasser und müssen vor der Verwendung gekocht werden, damit die enthaltene und anhaftende Luft entweicht.

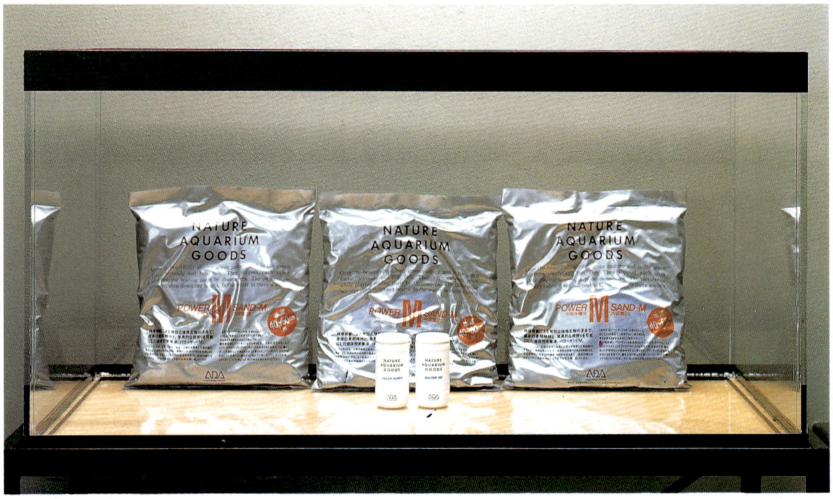

Der Pflanzendünger wird gleichmäßig verteilt. Er kann auch mit einer unteren Schicht Bodengrundmaterial vermischt werden. Dies erleichtert die gleichmäßige Verteilung des Düngers, ohne daß er zu schnell wieder aufgewirbelt wird.

Der Dauerpflanzendünger wird gleichmäßig verteilt. Grobes Bodenmaterial erleichtert die Duchströmungsmöglichkeit für das Wasser zur Sauerstoffversorgung.

4

Der dunkle Bodengrund wird über den Dünger geschichtet. Die linke hintere Ecke bleibt etwas niedriger, damit sich hier der Mulm sammelt und leicht abgesaugt werden kann.

5

Das Holz, am besten Mooreiche, wird an den vorgesehenen Stellen plaziert.

Der Java- und der Kongofarn sowie das Javamoos werden auf Steine gebunden und ebenfalls an den dafür vorgesehenen Positionen untergebracht.

6

Aufbinden der Pflanzen. Die Fäden aus Baumwolle zersetzen sich nach einiger Zeit. Dann sind die Pflanzen jedoch bereits festgewachsen. Diese Unterbringung von Speerblättern und Wasserfarnen erleichtert ein späteres Umdekorieren durch Versetzen der ganzen Dekoration.

7

Es wird etwas Wasser in 5 bis 10 cm Höhe eingefüllt. Um ein Aufwirbeln des Bodengrunds zu vermeiden, wird eine Unterlage unter den einlaufenden Wasserstrahl gelegt.

Die Pflanzen werden jeweils in Gruppen gleicher Art eingepflanzt.

8

Nach der Bepflanzung werden die Standorte der einzelnen Gruppen kontrolliert.

Der Vordergrund wird durch verschiedene *Cryptocoryne*-Arten geprägt.

Anschließend werden die auf Steinen befestigten Kleinen Speerblätter, *Anubias barteri* var. *nana*, hinter dem Holz plaziert. Sie bilden einen attraktiven zentralen Hintergrund, der später von roten Pflanzen umramt wird.

9

Das Aquarium wird erneut kontrolliert und die Einrichtung sowie Bepflanzung werden dem Pflanzplan (s. u., links Vorderansicht, rechts Aufsicht) angeglichen.

1 - Holz mit Kongofarn.
2 - Wasserkelche
3 - Nadelsimse
4 - Stein mit Speerblatt
5 - Pfeilkraut
6 - Zierliches Perlenkraut
7 - Ludwigie
8 - *Rotala*
9 - Rundblättriges Perlenkraut

10

Einzelne Stengelpflanzen können nachträglich mit einer langen Pinzette eingesetzt werden. So läßt sich das Bild der Pflanzengruppen auch später noch problemlos korrigieren.

Die Gruppierung der Pflanzen ist im Wesentlichen abgeschlossen. Ergänzungen und Korrekturen erfolgen nach dem Anwurzeln der Pflanzen.

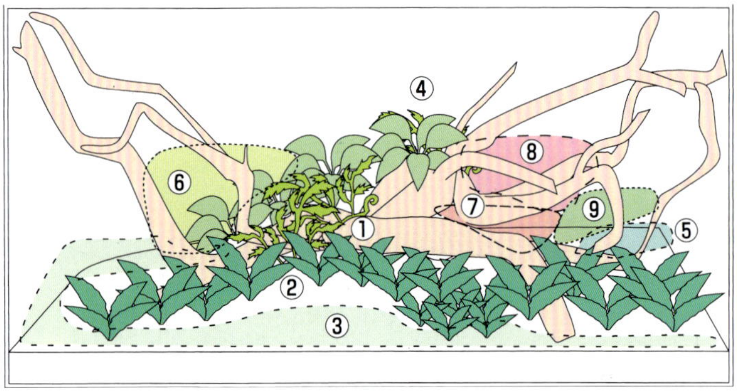

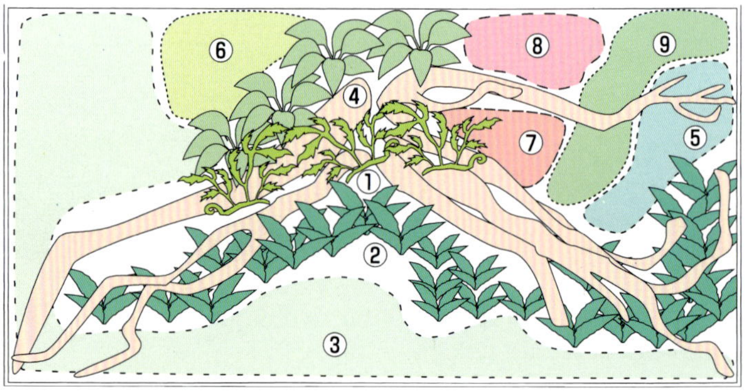

11

Für den flächigen Bewuchs eignen sich Nadelsimse und Perlenkräuter gut.
Nachdem das Aquarium vollständig eingerichtet wurde, kann es endültig mit Wasser gefüllt werden.

Beim Einlassen des Wassers wird der Wasserstrahl auf die Gegenstände geleitet, um ihn zu brechen und so ein nachträgliches Aufwirbeln des Bodengrunds zu vermeiden.

12

Das fertig eingerichtete und gefüllte Aquarium wirkt noch nicht sonderlich schön. Das Wasser ist zunächst trüb und an den Gegenständen sowie Seitenscheiben haften zahlreiche Luftblasen. Bereits nach wenigen Stunden verschwinden diese Erscheinungen jedoch. Eine kräftige Filterung fördert naturgemäß die Geschwindigkeit der Wasserklärung. Jetzt sollte das Aquarium etwa zwei Wochen in Ruhe stehen, damit die Pflanzen anwurzeln und sich die Kulturen der Mikroorganismen entwickeln können. Algenfressende Tiere können bereits nach zwei bis drei Tagen eingesetzt werden.

„Schatten im Regenwald“

Außenfilterung des Aquariums über Biofiltermaterial, Bodengrund aus feinem Sand, CO_2-Düngung, etwa drei Blasen pro Sekunde und wöchentliche Wasserwechsel, etwa $^1/_3$ des Volumens.

Daten:

90 x 45 x 45 cm, Glasaquarium,
6 x 32 W (NA Leuchten), zehn Stunden pro Tag (10 h/d),
26 °C, pH 6,8, 4 °dGH,
0 mg/l NH_4^+, 0,02 mg/l NO_2^-, <1 mg/l NO_3^-,
0,2 mg/l PO_4^-.

„Schatten im Regenwald“

Ein neuer, noch namenloser Salmler aus Amazonien.

Daten s. S. 33.

Daten s. S. 33.

So sieht das in den Einrichtungsbeispielen dargestellte Aquarium nach zwei Monaten aus.

Durch die Beschränkung auf nur eine Salmlerart wirkt der Besatz besonders harmonisch und die Komposition aus Pflanzen und Holz kommt gut zur Geltung.

Hyphessobrycon sp.

„60 und 90“

Die Einrichtung eines 90 cm-Glasaquariums und das technische Zubehör.

Sowie ein Vergleich mit einem kleinen Aquarium von 60 cm Frontlänge.
Maße:
60 cm: 60 x 30 x 35 cm,
90 cm: 90 x 45 x 45 cm.

Berechnung des Bodengrunds:
60 cm / 60 x 30 = 1,80 cm^2, 80 kg,
60 cm / 90 x 45 = 4,05 cm^2, 250 kg.

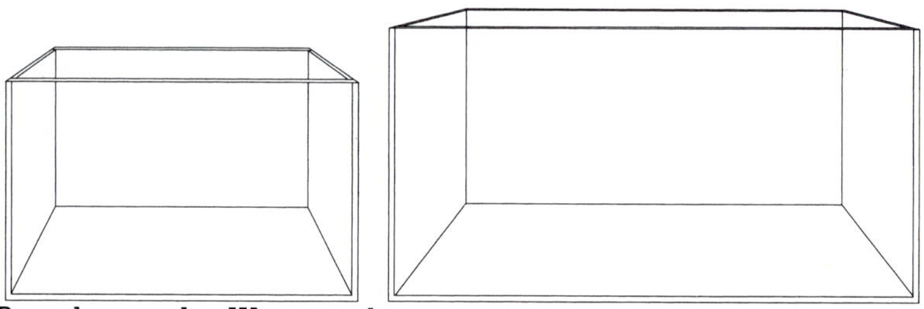

Berechnung des Wasservolumens:
60 cm / 57 l
90 cm / 157 l

Weil der Geschmack und die Sensibilität eines jeden Menschen unterschiedlich sind, ist kaum zu sagen, welche Bepflanzung oder welche Kombination der Pflanzen und der Einrichtungsgegenstände gut oder schlecht sind. Aber ein noch so künstlerisch und geschmackvoll gestaltetes Aquarium kann unästhetisch wirken, wenn die Pflanzen nicht wachsen, dafür aber die Algen. Sind aber die Wasserpflanzen nicht optimal arrangiert, wachsen hingegen gut, so enteht ganz von alleine eine beeindruckende Unterwasserlandschaft. Wenn es denn eine Regel für den Aquarianer geben sollte, dann nur die, daß die Pflanzen und Tiere gesund sein müssen. Grundsätzlich können Japanische Aquarien auf zwei verschiedene Arten eingerichtet werden.

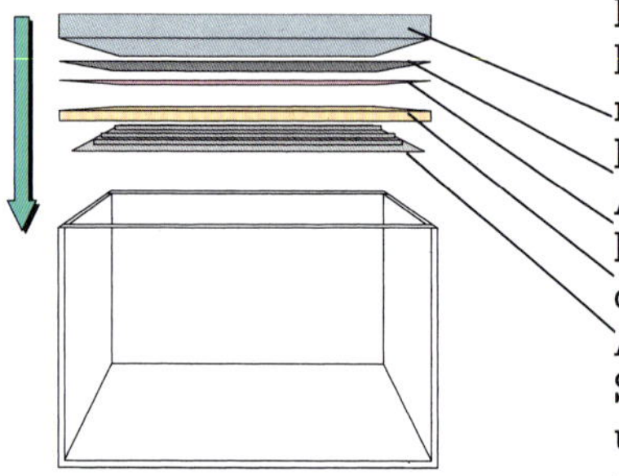

Die unterste Lage besteht aus grobem Styropor. Darüber wird feineres Material, beispielsweise aus PU-Schaum zur gleichmäßigen Auflage des Aquariums aufgebracht. Dann folgt, bei Verwendung einer Heizmatte, eben diese Abschliessend wird ein Fließ zum Schutz der Matte darübergelegt und das Aquarium kann aufgestellt werden.

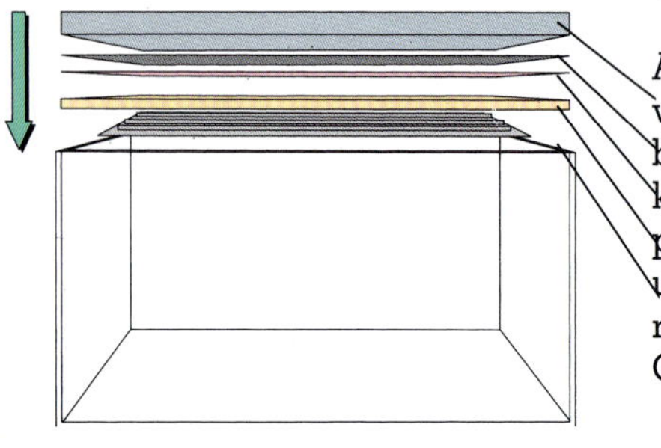

Als Bodengrund hat sich poröses vulkanisches Material besonders bewährt. Zum Start der Bakterienkulturen empfiehlt sich eine Impfung mit Bacter 100 (enthält 100 unterschiedliche Bakterienkulturen) und einem Wasserklärer (z. B. Clear Super, eine feine Aktivkohle).

Eine Möglichkeit orientiert sich an einer Gestaltung, wie sie für künstlich angelegte Blumenbeete charakteristisch ist. Der andere Weg ist, von der Natur zu lernen und Unterwasserlandschaften nach ihrem Vorbild zu schaffen.

Unterlagen unter dem Aquarium (Links) und Bodengrundmaterial (unten).

Unter Lichteinwirkung nehmen die grünen Pflanzen Kohlendioxid und Wasser auf und geben Sauerstoff ab. Dabei wird mit Hilfe der Lichtenergie Kohlendioxid (CO_2) und Wasser in energiereiche Zukkerverbindungen umgewandelt. Dieser Vorgang wird als Photosynthese bezeichnet. Schon im Biologieunterricht haben wir gelernt, daß die Photosynthese der Pflanzen die Grundlage allen Lebens auf der Erde ist.

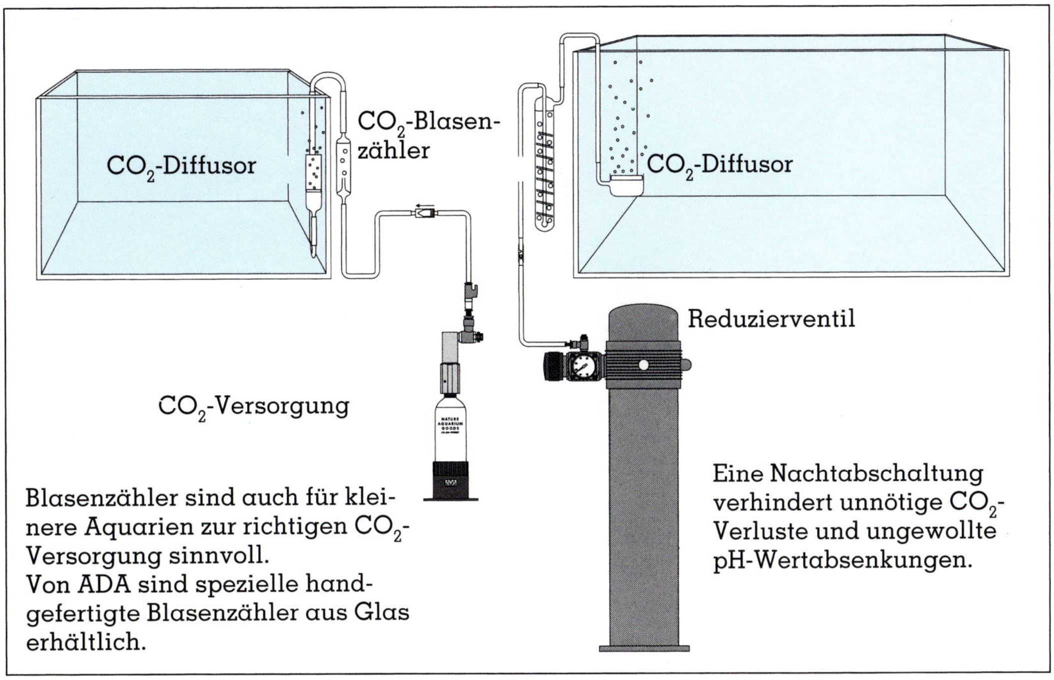

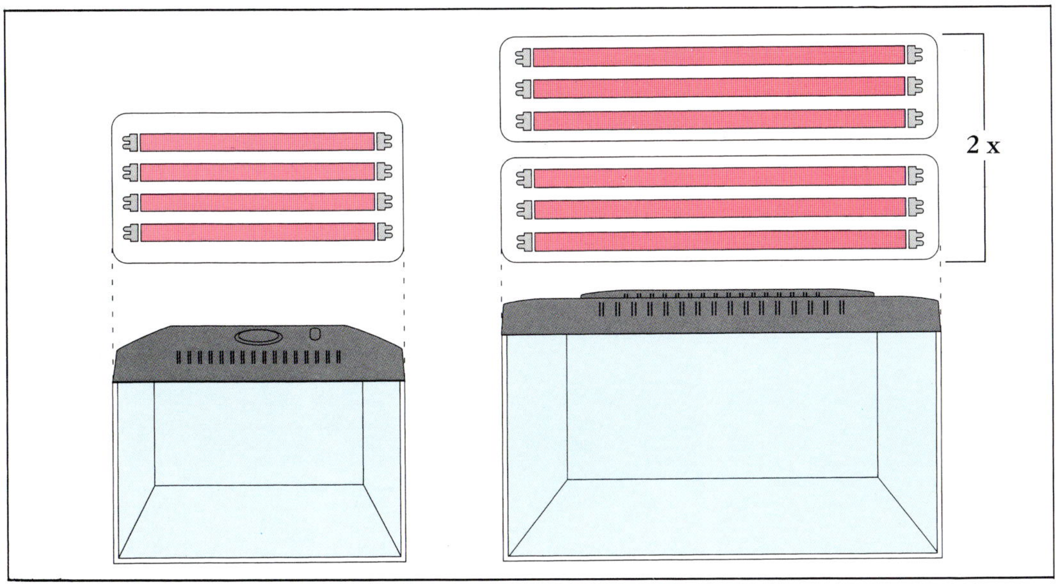

Pflanzen werden in ihrer natürlichen Umgebung in der Regel ständig ausreichend mit Kohlendioxid versorgt.
Im Aquarium ist hingegen die von den Fischen ausgeatmete Menge an Kohlendioxid zu gering, um eine dauerhafte Versorgung der Pflanzen mit CO_2 zu gewährleisten. Das zur Verfügung stehende Kohlendioxid wird im Zuge der Photosynthese aufgebracht. In der Folge steigt der pH-Wert und das Wasser wird alkalisch, was den Pflanzen und den meisten Tieren nicht zuträglich ist. In dieser Situation ist es erforderlich, eine Anlage zur künstlichen Versorgung mit Kohlendioxid zu installieren. Hierfür gibt es inzwischen zahlreiche Geräte von verschiedenen Herstellern. Für das Aquarium wird fast gezwungenermaßen ein Gerät zur kontrollierten CO_2-Versorgung benötigt, sonst würde im Aquarienwasser permanent CO_2-Mangel herrschen.
Wenn Aquarienpflanzen trotz CO_2-Zugabe nicht gedeihen, dann bedeutet dies entweder, daß die Beleuchtung zu schwach ist oder daß die zugeführte Kohlendioxidmenge nicht ausreicht.

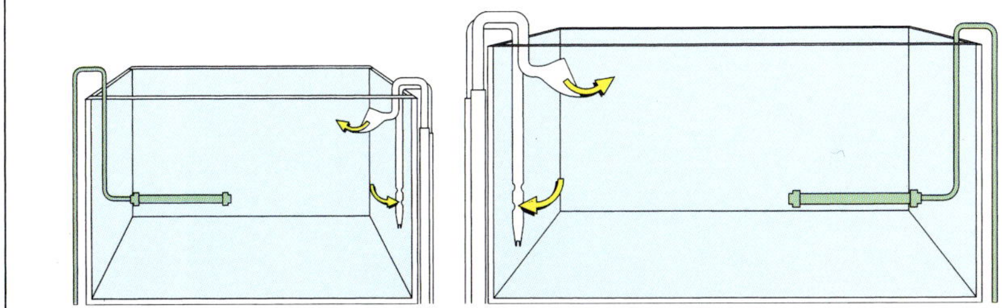

Filterung und Beheizung.

Salmler

Characoidei

Paracheirodon simulans
Schein-Neonsalmler

Ausläufer-Pflanzen

Glossostigma elatinoides

Es handelt sich um eine zierliche und gut wachsende rasenbildende Pflanze mit hohen Lichtansprüchen. Sie bevorzugt weiches, schwach saures Wasser.

Echinodorus tenellus

Diese kleinste Amazonas-Schwertpflanze zählt zu den beliebtesten und dekorativsten Vordergrundpflanzen. Bei zusagenden Bedingungen, insbesondere einer intensiven Beleuchtung, bildet sich durch Ausläufer in kurzer Zeit ein dichter und niedriger Rasen, der ideal für die Vordergrundbepflanzung geeignet ist. Es ist unbedingt auf eine ausreichende Beleuchtung zu achten.

Lilaeopsis sp. Mauritius

Diese Graspflanze ist leider nur selten im Handel. In der Kultur ist sie mit *Lilaeopsis brasiliensis* und *Lilaeopsis carolinensis* vergleichbar. Die drei Arten sind nicht leicht voneinander unterscheidbar, für die sichere Bestimmung werden Blüten benötigt. Blüten und Früchte entwickeln sich aber nur in der Sumpfkultur. Auch diese Pflanze benötigt für die Vordergrundbepflanzung viel Licht.

Sagittaria subulata

Das Kleine Pfeilkraut ist etwas häufiger erhältlich. Unter ausreichender Beleuchtung ist sie schnellwachsend und produktiv. Bei ausreichender CO_2-Versorgung und Düngung bildet das Pfeilkraut innerhalb weniger Wochen einen dichten geschlossenen Rasen von etwa sieben Zentimeter Höhe. Diese Pflanze bevorzugt mittelhartes bis hartes Wasser und pH-Werte im Neutralbereich.

Ausläufer-Pflanzen sind für den Vordergrund ideal. Sie vermehren sich durch Ableger, ohne daß ein Eingreifen durch den Pfleger zu einer gezielten Vermehrung notwendig wird.

Vallisneria americana var. *neotropicalis*

Diese Wasserschraube bildet sehr unterschiedliche Wuchstypen aus, die sich auch in der Größe unterscheiden. Die Pflanze ist nur in sehr großen Aquarien für den Vordergrund geeignet.

Hydrocotyle maritima

Dieser Wassernabel ist sowohl im Hinblick auf die Düngung als auch an die Licht- und CO_2-Versorgung äußerst anspruchsvoll. Er kann nur dem fortgeschrittenen Aquarianer empfohlen werden. Bei sehr starker Beleuchtung bleibt die Pflanze gedrungen und bildet einen niedrigen Wuchstyp aus, der die Pflanze für den Vorder- und Mittelbereich des Aquariums geeignet erscheinen läßt.

Cryptocoryne wendtii Var.

Von Wendts Wasserkelch gibt es mehrere Wuchs- und Farbformen, die zur Zeit alle dieser Art zugeordnet werden. Die Pflanze erreicht in den größeren Formen bis 25 cm Höhe und ist damit weniger für den Vordergrund und mehr für den mittleren Bereich geeignet. Diese Art ist nicht so anspruchsvoll und kommt mit weniger Licht aus, zeigt dann aber die braun-roten Farben weniger ausgeprägt.

Cryptocoryne crispatula

Dieser Wasserkelch ist besser unter dem Synonym *Cryptocoryne balansae* bekannt. In der Größe ist er mit der zuvor genannten Art vergleichbar. Durch die genoppten Blätter wirkt die Pflanze sehr auffällig und ist gut für mittlere Bereiche der Aquarien geeignet. Das Wasser sollte für Cryptocorynen weich und leicht sauer sein. Diese beiden Arten gedeihen aber auch in mittelhartem Wasser gut.

„Der Wind kommt“

Beispiel eines weiteren 90 cm-Aquariums für Salmler, ausschließlich mit *Micranthemum umbrosum*, dem Rundblättrigen Perlenkraut bepflanzt. Als Fische wurde Beispielhaft *Hemigrammus ulreyi*, der Flaggensalmler eingesetzt.

Die Einrichtung erfolgte nach dem Prinzip des zuvor gezeigten Aquariums, doch wurde hier an Stelle des Gestaltungselements Holz das Element Stein verwendet. Wichtig ist dabei, daß nur eine Gesteinsart zur Verwendung kommt und daß die einzelnen Brocken sowohl miteinander als auch mit den Pflanzen harmonieren. Selbstverständlich müssen auch die Fische sorgfältig ausgewählt werden.

Dieses Aquarium zeigt einmal mehr, daß Artaquarien von besonderer Wirkung sind.

Hemigrammus ulreyi

Daten:

90 x 45 x 45 cm, Glasaquarium,
5 x 30 W (NA-Leuchten), 10 h/d,
24,5 °C, pH 6,8, 2 °dGH, 0 mg/l NH_4^+,
<0,02 mg/l NO_2^-, <1 mg/l NO_3^-, 0,2 mg/l PO_4^-.

Außenfilterung des Aquariums über Biofiltermaterial, Bodengrund aus feinem Sand, CO_2-Düngung, etwa zwei Blasen pro Sekunde und wöchentliche Wasserwechsel, etwa $^1/_3$ des Volumens.

Die Fütterung der Fische

Das Füttern der Fische ist ein ganz besonderes Problem. Durch das Futter und die Ausscheidungsprodukte der Fische wird das Wasser belastet. Diese Stoffwechselendprodukte der Fische und der anderen Organismen sind die Ursache für die regelmäßig notwendig werdenden Wasserwechsel, mit dem Ziel, diese Stoffe zu verdünnen.
Feste Zeiten und Häufigkeiten für die Fütterung gibt es nicht. Die Fütterung muß sich immer individuell nach dem Fischbesatz richten. Auch die gewählten Futterarten sind von den gepflegten Tieren abhängig. Wichtig ist lediglich, daß niemals zuviel gefüttert werden darf, denn übermäßige organische Belastungen des Wassers führen zur Anreicherung der Stoffwechselendprodukte und diese fördern wiederum Bakterien und Algen.
Ein mit Algen verseuchtes Aquarium ist ein äußerst unschöner Anblick, und ein solches Aquarium wird den Ansprüchen an ein schönes Schauaquarium keinesfalls gerecht. Da die Mehrzahl der Aquarianer dazu neigt, die gepflegte Fische zu überfüttern, ist der Hinweis auf sparsames Füttern besonders wichtig. Für viele Fische kann auch ein Hungertag pro Woche sinnvoll sein. Für ein gut entwickeltes Aquarium ist auch ein Urlaub des Aquarianers unproblematisch. Wenn nicht gerade Jungfische gepflegt werden, dann überstehen die Fische eine ein- bis zweiwöchige Hungerzeit gut.

Flocken- und Granulatfutter.

„Eine Serenade des Winds“

Es gibt viele Algenarten. Die meisten entstehen, wenn zuviel Nitrat im Wasser gelöst ist, das Aquarium mit Fischen überbesetzt, der Filter verschmutzt oder überlastet ist, ein Ungleichgewicht zwischen Kohlendioxid und Licht besteht oder das Wasser nicht regelmäßig in ausreichender Menge gewechselt wird.

Außenfilterung des Aquariums über Biofiltermaterial, Bodengrund aus feinem Sand, CO_2-Düngung, etwa vier Blasen pro Sekunde und wöchentliche Wasserwechsel, etwa $^2/_3$ des Volumens.

Daten: Siehe S. 58.

„Sonnenflecken
Melodie“

Daten:

36 x 22 x 26 cm, Glasaquarium, 2 x 27 W (Pflanzenleuchten), 10 h/d, 25 °C, pH 6,8, 2 °dGH, 0 mg/l NH_4^+, <0,02 mg/l NO_2^-, <1 mg/l NO_3^-, <0,2 mg/l PO_4^-.

Außenfilterung des Aquariums über Biofiltermaterial, Bodengrund aus feinem Sand, CO_2-Düngung, etwa eine Blase pro zwei Sekunden und tägliche Wasserwechsel, etwa $^1/_3$ des Volumens.

Blyxa japonica
- Japanisches Fadenkraut

Eleocharis acicularis
- Nadelsimse

Hemiantus micranthemoides
- Zierliches Perlenkraut

Ludwigia arcuata
- Schmalblättrige Ludwigie

Marsilea angustifolia
- Zwergkleefarn

Micranthemum umbrosum
- Rundblättriges Perlenkraut

Caridina japonica
- Yamatonuma-Garnele

Ladigesia roloffi
- Orangeroter Zwergsalmler

Nannostomus marginatus
- Zwergziersalmler

Otocinclus sp.
- Zwerg-Harnischwels

„Eine Sonnenstrahl-Symphonie“

Daten:

45 x 24 x 30 cm, Glasaquarium, 4 x 15 W (NA-Leuchten), 10 h/d, 25 °C, pH 6,6, 5 °dGH, 0 mg/l NH_4^+, <0,02 mg/l NO_2^-, <1 mg/l NO_3^-, <0,2 mg/l PO_4^-.

Außenfilterung des Aquariums über Biofiltermaterial, Bodengrund aus feinem Sand, CO_2-Düngung, etwa eine Blase pro Sekunde und tägliche Wasserwechsel, etwa $^1/_3$ des Volumens.

Blyxa japonica
- Japanisches Fadenkraut

Eleocharis acicularis
- Nadelsimse

Hemiantus micranthemoides
- Zierliches Perlenkraut

Ludwigia arcuata
- Schmalblättrige Ludwigie

Marsilea angustifolia
- Zwergkleefarn

Micranthemum umbrosum
- Rundblättriges Perlenkraut

Caridina japonica
- Yamatonuma-Garnele

Hemigrammus amandae
- *Funkensalmler*

Hemigrammus rodwayi
- Goldtetra

Megalamphodus roseus
- Gelber Phantomsalmler

Otocinclus sp.
- Zwerg-Harnischwels

Die Planung der Einrichtung

Die hinteren Ecken fallen dem Betrachter besonders auf und bilden damit die „starken Punkte" für die Dekorationsplanung, bezogen auf den geraden Blick von vorne. Für ein schönes Aquarium sollten aber speziell diese Punkte nicht betont werden. Für die Planung schöner Pflanzenaquarien ist die sinnvolle Raumaufteilung im Aquarium von besonderer Bedeutung. Dabei wird der eigentliche Mittelpunkt des Aquariums als ohnehin vorhandener zentraler Blickpunkt nicht noch zusätzlich durch auffällige Dekorationselemente betont.

Das einfachste Gestaltungselement berücksichtigt also die „starken Punkte". Wenn hier beide Punkte betont werden, dann ergeben sich zwei bevorzugte Blickpunkte im Aquarium und der Blick wird hin und her gelenkt und kommt dabei nicht zur Ruhe. In vielen Fällen ist es deshalb besser, nur einen starken Punkt im Aquarium zu schaffen. Sofern das Aquarium nicht genau in der Mitte an einer Wand oder in der Mitte eines Raums steht, ergibt sich der beste Bereich für den starken Punkt in der Regel an der dem Betrachter gegenüberliegenden Seite. Wird der Hauptblickpunkt nicht mit einer Pflanzengruppe gestaltet, sondern aus Holz oder Steinen, dann werden diese in Blickrichtung von vorne nach hinten aufsteigend aufgestellt. Eine solche Gliederung des Aquariums verstärkt die Tiefenwirkung und läßt es größer wirken als es tatsächlich ist. Durch solche Einrichtungstricks erhält das Aquarium seine besondere Note.

Steht das Aquarium in einer Ecke und wird von der rechten Seite aus betrachtet, dann ist die linke Seite der stärkere Punkt und wird entprechend domierend dekoriert. Auch Pflanzengruppen können in unterschiedlicher Weise als Gestaltungselement zur Verwendung kommen. Zum einen kann die Gruppe wie in der Natur ihrem Wachstum überlassen bleiben, zum anderen kann die Gruppe - wie bei den Dekorationsgegenständen - von vorn nach hinten aufsteigend gepflanzt werden. Besonders bei den schnellwüchsigen Stengelpflanzen erfordert die Pflege einer derart gepflanzten Gruppe jedoch viel Zeit, da die Spitzen immer wieder eingekürzt und neu eingesetzt werden müssen. So schön eine solche Gestaltung ist, natürlich wirkt sie allerdings nicht.

Die Hauptblickpunkte bei der Betrachtung von vorn. Es kann sinnvoll sein, nur einen dieser starken Punkte zu dekorieren. Aber auch die Dekoration beider Punkte hat ihre Reize.

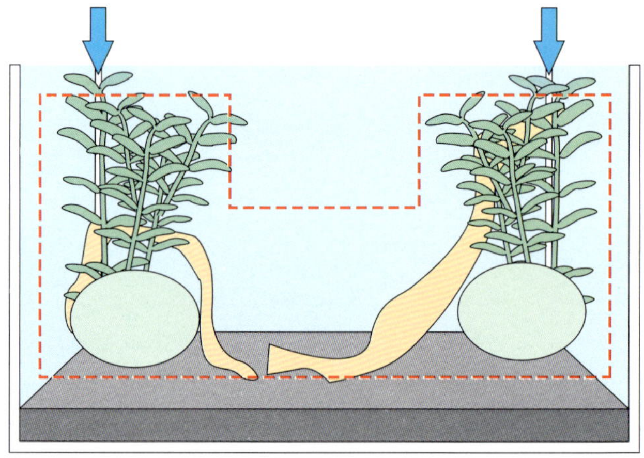

Die Dekoration entsprechend der beiden Hauptblickpunkte. Dadurch wird allerdings der Blick hin und her gelenkt.

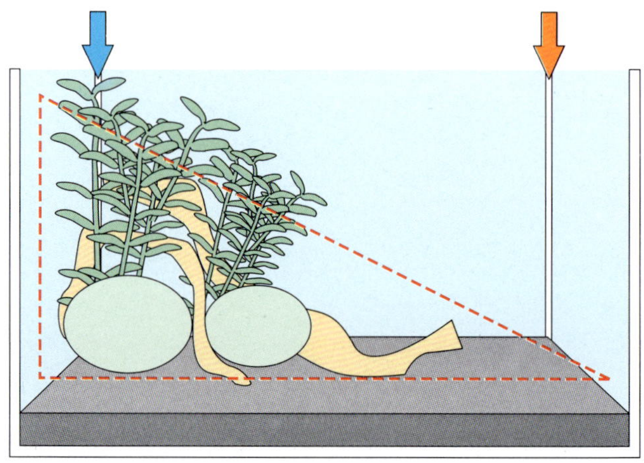

Beim Blick von links ist rechts der starke Punkt. Wird dann links dekoriert, wird der optische Eindruck eines längeren Aquariums erzielt. Aber auch hier wird der Blick dann hin und her gelenkt.

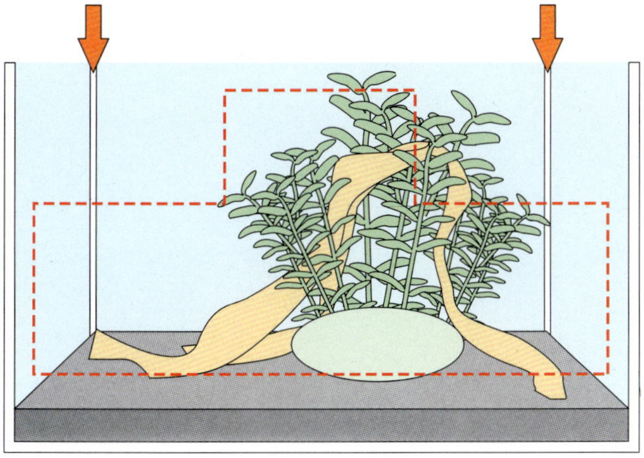

Um den Hauptblickpunkt von der Aquariumecke abzulenken wird der Dekorationsschwerpunkt etwas zur Seite versetzt. Dadurch erschein das Aquarium „fülliger" dekoriert.

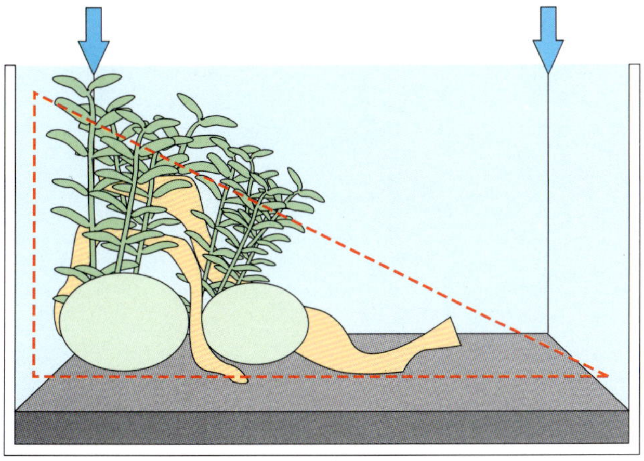

Auch beim Blick von vorn wird durch die Versetzung des Dekorationsschwerpunkts nach links der Eindruck eines längeren Aquariums hervorgerufen.

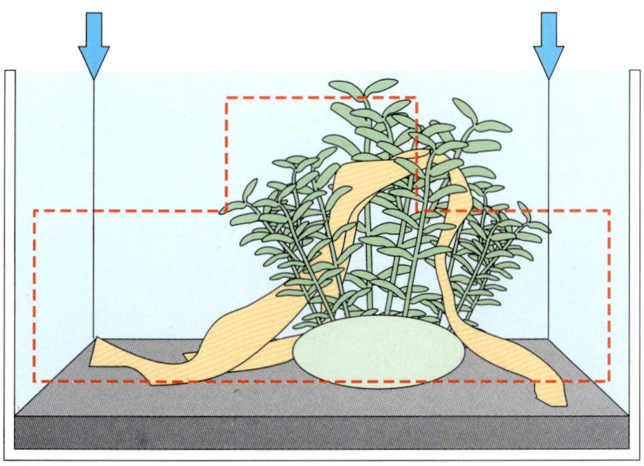

Die günstigste Lösung dürfte aber auch beim Blick von vorn die Seitenversetzung der Hauptdekorationselemente sein. Es ist immer besser, wenn die Aquarienecken nicht zusätzlich betont werden.

Um den optischen Eindruck eines größeren Aquariums hervorzurufen, werden die dominanten Dekorationselemente nicht direkt in die Ecke gerückt sondern etwas zur Seite versetzt.
Außerdem kann es sinnvoll sein, den starken Punkt auf die - der Hauptbetrachtungsrichtung gegenüberliegende - andere Seite zu legen. Dann wird der Blick - wie im Aquarium mit zwei starken Dekorationspunkten - von der Hauptbetrachtungsrichtung zum Dekorationselement gelenkt. Auf diese Weise kann vorteilhaft der Eindruck einer größeren Länge des Aquariums hervorgerufen werden, mit dem Nachteil, daß der Blick wieder hin und her gelenkt wird (s. o.).

Eine sehr gute Tiefenwirkung wird dadurch erzielt, daß durch die Pflanzengruppen helle und dunkle Bereiche geschaffen werden, die kontrastieren. An den starken Punkten bleiben dann Durchblicke mit niedrigeren Pflanzen frei, die wie Schneisen oder Lichtungen wirken und den Blick entsprechend fesseln. In solchen deckungsnahen Freiwasserzonen spielen sich dann auch die meisten Lebensäußerungen der Fische ab.

Paracheirodon simulans würde in dem hier geplanten Aquarium sehr gut wirken.

„Schimmernde Ufer“

Daten:
90 x 45 x 45 cm, Glasaquarium, 10 x 20 W (NA-Leuchten), 10 h/d, Außenfilterung des Aquariums über Biofiltermaterial, Bodengrund aus feinem Sand, CO_2-Düngung, etwa vier Blasen pro Sekunde und wöchentliche Wasserwechsel, etwa $^1/_3$ des Volumens.

Bacopa caroliniana	Karolina-Fettblatt
Eleochris acicularis	Nadelsimse
Eusteralis stellata	Sternpflanze
Lagarosiphon madagascariensis	Madagassische Wasserpest
Limnophila aquatica	Wasser-Sumpffreund
Riccia fluitans	Teichlebermoos

Caridina japonica	Yamatonuma-Garnele
Colisa lalia Var.	Neon-Zwergfadenfisch
Hemigrammus erythrozonus	Glühlichtsalmler
Hemigrammus hyanuary	Costello-Salmler
Hyphessobrycon erythrostigma	Kirschflecksalmler
Otocinclus sp.	Zwerg-Harnischwels
Thoracocharax securis	Platinbeilbauchfisch

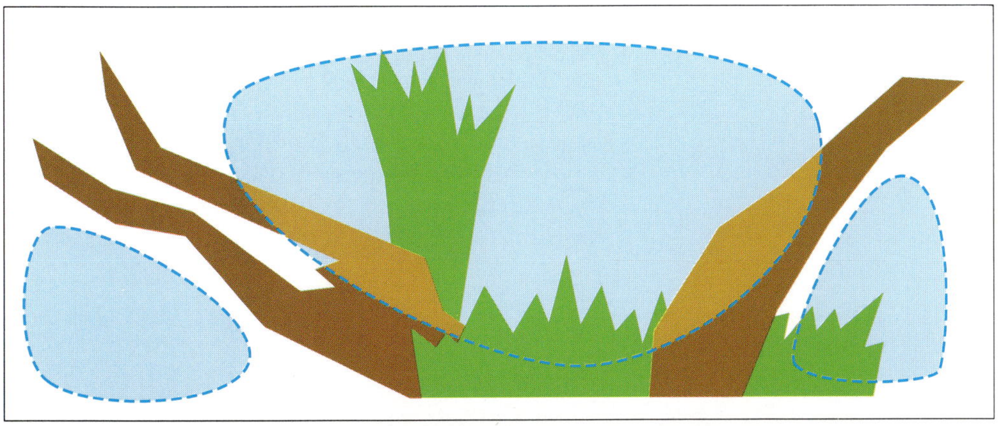

Pflanzplan

Rote Pflanzen, aber auch rotbraune und andere nicht grüne Pflanzen sind beliebte Dekorationselemente als Schwerpunkte für die starken Punkte im Aquarium. Wichtig ist dabei, daß die rote Farbe nicht unnatürlich dominiert, sondern eher durch einen grünen Rahmen betont wird. Auch die Blattformen sollten sich zu den Nachbarpflanzen deutlich unterscheiden. Es stehen dafür genügend rote Pflanzen zur Auswahl, die allerdings ausnahmslos hohe Lichtansprüche stellen.

Rotala macrandra

Rote Pflanzen sind ein wichtiges Gestaltungselement.

Die Tatsache, daß vor allem die Spitzen der Pflanzen die intensivsten roten Farben ausbilden, zeigt bereits, daß die Ausbildung der Farben vom Licht abhängig ist. Zum einen werden die roten Farben als Schutzpigment vor intensivem Licht gebildet; zum anderen bilden manche Pflanzen die roten Farben als Komplementärfarben zu blauem Licht, um diesen Spektralanteil besser nutzen zu können. Leider wirken gerade unter blauem Licht die roten Farben nicht sonderlich attraktiv. Zudem schadet ein häufiger Wechsel der Lichtfarben den Pflanzen und kann sogar zum Absterben führen.

Alternanthera reineckii forma *lilacina*

Cabomba furcata

Nesaea sp.

Ludwigia arcuata

Rotala wallichii

Dies liegt daran, daß die neben dem Chlorophyll, dem grünen Blattfarbstoff, zusätzlich enthaltenen Pflanzenfarbstoffe entsprechend dem angebotenen Lichtspektrum gebildet werden, was nur in jungen Blättern problemlos erfolgen kann. Deshalb werden alte Blätter beim Lichtwechsel abgestoßen und neue Blätter gebildet.

„Schimmernde Ufer“

Das hier vorgestellte Aquarium zeigt, daß mit nur wenigen Pflanzen aufgrund ihrer unterschiedlichen Wuchsformen interessante Effekte erzielt werden können. Vor allem mit Hilfe der Moose, welche die Dekorationselemente nach und nach überwuchern, entstehen interessante und attraktive Effekte, die das Aquarium in eine geheimnisvolle Landschaft verwandeln.

Die Einrichtungsgegenstände - Holz und Stein im Aquarium

Steine sind wichtige Bestandteile der Aquarieneinrichtung. Sie beeinflussen den Charakter der gestalteten Unterwasserlandschaft. Dabei liegt es am Aquarianer, ob die Steine nach Vorbildern aus der Natur oder nach den Regeln Japanischer Gärten zur Verwendung kommen. Die Art und die Komposition der verwendeten Steine entscheiden also wesentlich darüber, ob letztendlich ein Aquarium schön wirkt oder nicht. Da Transporte auf Schiffahrtswegen nicht zu teuer sind, stehen heute Steine als Gestaltungsmaterialien aus nahezu aller Welt zur Verfügung. Als besonders schön, aber teuer, haben sich versteinerte Bäume aus Amerika oder Malaysia erwiesen. Denn ihre helle Farbe ähnelt der von frischem Holz und wirkt zwischen den grünen und roten Pflanzen sehr belebend. Deshalb eignet sich versteinertes Holz besonders für Aquarienlandschaften, die nach dem Vorbild Japanischer Gärten angelegt werden.

Für den Gesamteindruck des Aquariums ist nicht die Form des einzelnen Steins von Bedeutung, es kommt vielmehr auf den erzielten Effekt durch die Kombination mehrerer Steine zu einer Gruppe an. Deshalb können auch einzelne weniger schöne Steine in einem Gruppenelement durchaus noch zur Verwendung kommen. Manche Steine wirken - je nach ihrer Form - am besten aufrecht oder etwas schräg stehend sehr reizvoll, andere sind hingegen liegend schöner. Besonders auffällige Steine sollten dann als Blickfang aufrecht stehen, oder entgegen der durch die Bepflanzung erzielten bevorzugten Blickrichtung schräg aufgestellt sein.

Wie bei den Pflanzen kommt es bei den Steinen ebenfalls auf die erwünschte Bestimmung des Blickschwerpunkts an. Wird der Hauptstein in der Mitte des Aquariums plaziert, dann wir das Aquarium in zwei Bereiche unterteilt, die gegebenenfalls sogar verschiedene Landschaften darstellen können. Letzteres bietet sich gewöhnlich aber nur für große Aquarien an.

Wichtig ist außerdem, daß Steine annähernd gleicher Größe oder Form nicht nebeneinander aufgestellt werden dürfen, da sie um den Betrachterschwerpunkt konkurrieren. Außerdem dürfen Steine unterschiedlicher Farbe und Herkunft nicht gemeinsam zur Verwendung kommen, weil die Aquariengestaltung dann zu unruhig wirkt.

Prinzipiell ist jeder Stein einzeln zu begutachten und entsprechend seines Charakters im Gesamtkonzept der Aquarienkomposition anzusiedeln. Dazu bedarf es einiger Erfahrung und der Anfänger sollte nicht zu enttäuscht sein, wenn die ersten Entwürfe nicht die volle erwünschte Wirkung erzielen. Steine, Holz, Bodengrund, Tiere und Pflanzen gehören zu einem Gesamtkonzept, das in einer schönen Szenerie umgesetzt werden soll und dazu gehört - wie in anderen Kunsthandwerken - eine gute Portion Geschick und eine weitere Portion Erfahrung.

So wie der Stein, so hat auch jedes Stück Holz seinen eigenen Charakter. Niemals gleicht ein Stück dem anderen, und deshalb fällt es schwer, allgemeingültige Regeln für die Verwendung von Holz als Einrichtungsgegenstand aufzustellen...

„Eine Serenade des Winds“

Daten:

60 x 30 x 36 cm, ADA-Cube-Garden,
4 x 20 W (NA-Leuchten), 10h/d,
25 °C, pH 6,6, 3 °dGH, 0 mg/l NH_4^+, <0,02 mg/l NO_2^-,
<5 mg/l NO_3^-, <0,2 mg/l PO_4^-.

Caridina japonica
- Yamatonuma-Garnele
Inpaichthys kerri
Königssalmler
Otocinclus sp.
- Zwerg-Harnischwels

Echinodorus tenellus	Zarte Schwertpflanze
Eleocharis acicularis	Nadelsimse
Eusteralis stellata	Sternpflanze
Hemianthus micranthemoides	Zierliches Perlenkraut
Hemianthus micranthemoides Var.	-
Marsilea angustifolia	Kleefarn
Micranthemum umbrosum	Rundblättriges Perlenkraut
Rotala macrandra Var.	Dichtblättrige *Rotala*

Die Pflege der Pflanzen

Gut ernährte Stengelpflanzen, welche die erforderlichen Nährstoffe und Licht erhalten - was wir für unser der Natur nachempfundenes Aquarium als selbstverständlich gegeben voraussetzen -, entwickeln ein enormes Längenwachstum. Folglich werden regelmäßig Pflegemaßnahmen notwendig. Diese sollten wöchentlich, mindestens aber zweiwöchentlich durchgeführt werden.

Stengelpflanzen nehmen den größten Teil der Düngestoffe direkt aus dem Wasser über die Blattflächen auf. Dadurch sind meist auch kurze Stengelabschnitte, die gesunde Blätter tragen, noch lebensfähig und können als Stecklinge verwendet werden. Dies ist bei vielen Arten sogar möglich, wenn die eigentliche Spitze des Triebs entfernt wurde oder abgebrochen ist.

Deshalb sind die auf den hier dargestellten Bildern entfernten Triebspitzen der Stengelpflanzen kein „Abfall“, sondern wertvolle Stecklinge für die Einrichtung weiterer Aquarien oder zur Erweiterung bestehender Pflanzengruppen.

2

Selbstverständlich können die unteren Stengelbereiche im Aquarium verbleiben, auch wenn sie bereits relativ arm an Blättern sind oder die noch vorhandenen Blätter bereits stark geschädigt sind, weil sie von oben zu sehr beschattet wurden. Je nach Pflanzenart bilden sich nach zwei bis acht Tagen neue Triebspitzen und nach etwa einer weiteren Woche wirkt das Aquarium schöner als vor dem rigorosen Rückschnitt.

3

Im dargestellten Aquarium von 60 x 30 x 36 cm wurde nur Holz zur Einrichtung verwendet. Steine kamen nicht zum Einsatz, weil ein solches kleines Aquarium nicht überfrachtet werden darf. Die verwendeten Geräte stammen von „Aquarium Design Amano", kurz ADA. Links befindet sich der pH-Dauertest zur Kontrolle der CO_2-Versorgung.

4

Rechts befinden sich die Filteransaugöffnung und die Wasserrückführung sowie die CO_2-Versorgung. Die spezielle lange Pflanzenschere stammt ebenfalls von ADA. Mit dieser Schere wird ein sauberer Schnitt am Pflanzenstengel gewährleistet, ohne daß der Stengel unnötig geknickt wird.

5

„Melodie in Farbe“

Daten:

60 x 30 x 36 cm, ADA-Cube-Garden,
4 x 20 W (NA-Leuchten), 10h/d,
25 °C, pH 6,6, 2 °dGH, 0 mg/l NH_4^+, >0,02 mg/l NO_2^-,
<2 mg/l NO_3^-, <0,2 mg/l PO_4^-.

Echinodorus tenellus
- Zarte Schwertpflanze

Eusteralis stellata
- Sternpflanze

Fontinalis antipyretica
- Javamoos

Hemianthus micranthemoides
- Zierliches Perlenkraut

Ludwigia arcuata
- Schmalblättrige Ludwigie

Ludwigia peruensis
- Peru-Ludwigie

Micranthemum umbrosusm
- Rundblättriges Perlenkraut

Riccia fluitans
- Teichlebermoos

Rotala indica
- Indische *Rotala*

Rotala macrandra var.
- Dichtblättrige *Rotala*

Caridinia japonica
- Yamatonuma-Garnele

Megalamphodus sweglesi
- Gelber Phantomsalmler

Otocinclus sp.
- Zwerg-Harnischwels

Außenfilterung des Aquariums über Biofiltermaterial, Bodengrund aus feinem Sand, CO_2-Düngung, etwa drei Blasen pro Sekunde und wöchentliche Wasser-

Eusteralis stellata

Rotala indica

Lagarosiphon madagascariensis

Micranthemum umbrosum

Hemianthus micranthemoides

Vermehrung von Stengelpflanzen durch Stecklinge

Die sauber abgeschnittenen Spitzen der Stengelpflanzen werden etwa zwei Zentimeter tief in den normalen, mit Dauerpflanzendünger versetzten Bodengrund eingesetzt. Mindestens zwei Knoten, das sind die etwas dickeren Stengelbereiche, an denen die Blätter sprießen, sollten sich nach dem Einpflanzen im Boden befinden. An diesen Knoten entwickeln sich dann Wurzeln. Diese dünnen Wurzeln der Stengelpflanzen dienen weniger der Nährstoffaufnahme und mehr der Verankerung am Standort. Zusätzlicher Dünger darf erst verabreicht werden, wenn die Stecklinge verwurzelt sind. Günstigerweise wird flüssiger Dünger über eine Dosierpumpe nach Vorschrift verabreicht.

Stecklinge dürfen nur sauber abgeschnitten werden damit sie nicht möglichen Infektionen ausgesetzt sind. Auch das Javamoos wird gegebenenfalls gestutzt.

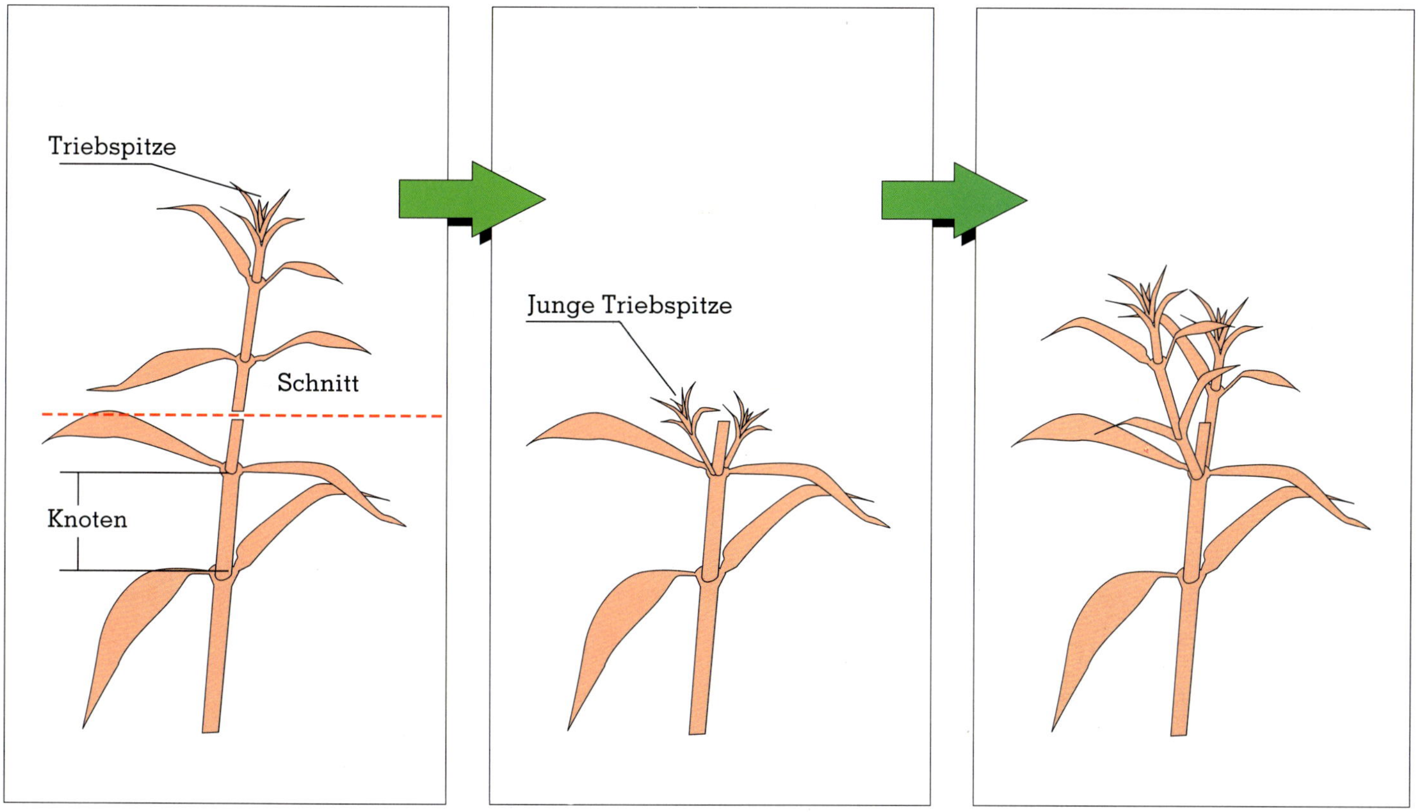

Rot und Grün

Aquarien können auch ohne Einrichtungsgegenständen wie Holz oder Steine eingerichtet wirken. Dieser Effekt wird durch die geschickte Gruppierung unterschiedlicher Pflanzenfarben und -wuchstypen erreicht. Sehr schön kontrastieren selbstverständlich rote zu hellgrünen Pflanzen. Mit hellen grünen Stengelpflanzen kann beispielsweise eine schöne rote Gruppe optisch abgesetzt werden. Eine solche schöne Kombination besteht beispielsweise aus *Rotala macrandra* und *Hemianthus micranthemoides*. Weitere Pflanzengruppen könnten im Kontrast dazu beispielsweise aus großblättrigen dunkelgrünen Pflanzen bestehen.

Ludwigia arcuata

Rotala macrandra var.

Hemianthus micranthemoides

Kaisersalmler, *Nematobrycon palmeri*, vor einer roten Pflanzengruppe, die von grünen Stengelpflanzen umrahmt ist.

„Ein Chor von Wind und Grün“

Daten:

60 x 30 x 36 cm, ADA-Garten-Würfel
4 x 20 W (NA-Leuchten), 10h/d,
25 °C, pH 6,8, 1 °dGH, 0 mg/l NH_4^+, <0,02 mg/l NO_2^-,
<2 mg/l NO_3^-, <0,2 mg/l PO_4^-.

Echinodorus tenellus
- Zarte Schwertpflanze

Eleocharis acicularis
- Nadelsimse

Hemianthus micranthemoides
- Zierliches Perlenkraut

Ludwigia arcuata
- Schmalblättrige Ludwigie

Micranthemum umbrosusm
- Rundblättriges Perlenkraut

Riccia fluitans
- Teichlebermoos

Caridinia japonica
- Yamatonuma-Garnele

Hemigrammus hyanuary
- Costello-Salmler

Otocinclus sp.
- Zwerg-Harnischwels

Außenfilterung des Aquariums über Biofiltermaterial, Bodengrund aus feinem Sand, angereichert mit Bakterienstarterkulturen sowie mit Dauerdünger, CO_2-Düngung, etwa zwei Blasen pro Sekunde und wöchentliche Wasserwechsel, etwa $^1/_3$ des Volumens.

„Menuett im Sonnenlicht“

Daten:

60 x 30 x 36 cm, ADA-Garten-Würfel,
4 x 20 W (NA-Leuchten), 10h/d,
25 °C, pH 6,8, 1 °dGH, 0 mg/l NH_4^+, <0,02 mg/l NO_2^-,
<2 mg/l NO_3^-, <0,2 mg/l PO_4^-.

Eleocharis acicularis
- Nadelsimse

Eusteralis stellata
- Sternpflanze

Glossostigma elatinoides
- Australisches Zungenblatt

Hemianthus micranthemoides
- Zierliches Perlenkrau

Ludwigia arcuata
- Schmalblättrige Ludwigie

Micranthemum umbrosusm
- Rundblättriges Perlenkraut

Rotala walichii
- Feinblättrige *Rotala*

Caridinia japonica
- Yamatonuma-Garnele

Paracheirodon simulans
- Schein-Neon

Otocinclus sp.
- Zwerg-Harnischwels

Die attraktiv gestaltete Unterwasserlandschaft wird erst dadurch richtig interessant, daß lang wachsende Pflanzen girlandenartig zwischen niedrig wachsenden Pflanzen im Vordergrund gesetzt werden. In den mittleren Bereich werden außerdem einige einzelne großblättrige Pflanzen wie Afrikanische Speerblätter, *Anubias*, oder Amazonas-Schwertpflanzen, *Echinodorus*, eingepflanzt. Diese Einzel- oder Solitärpflanzen und auch die Pflanzengruppen müssen selbstverständlich nach der Größe des Aquariums ausgewählt werden. Es sieht sehr unschön aus, wenn eine große Amazonas-Schwertpflanze in ein kleines Aquarium „eingesperrt" wirkt.
Das berühmte „grüne Händchen" läßt sich auch erlernen!

In diesem Aquarium wird das belebende Element aus dem Kontrast zwischen der roten *Rotala* und dem dunkelgrünen Javamoos geschaffen.
Zu dieser wunderschönen Komposition sollten selbstverständlich passende Fische ausgewählt werden, die sowohl aufgrund ihrer Farben als auch ihres - möglichst ruhigen - Verhaltens in ein solches Aquarium gehören.

Megalamphodus sweglesi

Zu den rot-grünen Kontrasten der Wasserpflanzen passen sehr gut rote Fische, die mit helleren Arten, beispielsweise silbernen oder grauen Fischen vergesellschaftet werden, um durch die Pflege der weniger auffälligen Arten die bunten Formen zu betonen. Silberne oder graue Fische werden deshalb als Kontrastarten ausgewählt, weil sie den „typischen" Fischfarben entsprechen und weil es nur sehr wenige grüne Fische gibt, die - wie bei den Pflanzen - für einen rot-grünen Kontrast sorgen.

Papiliochromis ramirezi var.

Thoracocharax stellatus

Nannostomus marginatus

Xiphophorus maculatus var.

Poecilia reticulata var.

„Buntes Herbsttal“

Daten:

60 x 30 x 36 cm, Glasaquarium,
4 x 20 W (NA-Leuchten), 10 h/d.

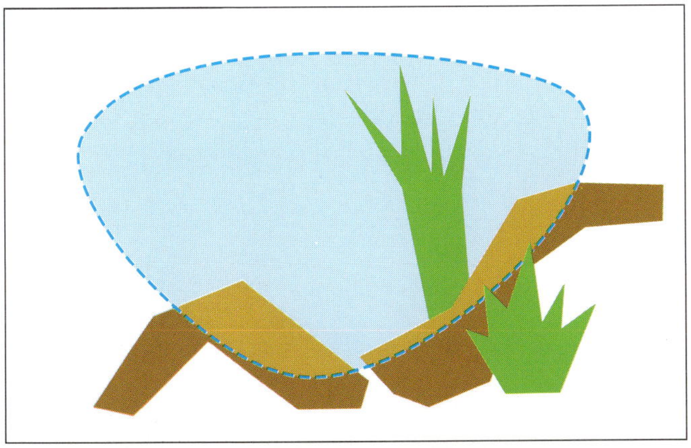

Pflanzen und Tiere s. S. 80.

Pflanzplan

„Fantastischer Wald“

Lebendgebärende Zahnkarpfen sind nur mit Einschränkungen zur Vergesellschaftung mit Salmlern geeignet, da die Fische meist unterschiedliche Wasserwerte zur artgerechten Haltung benötigen.

Pflanzen und Tiere s. S. 81.

Pflanzplan

Besatz zu „Buntes Herbsttal“:

Alternanthera sessilis	Sitzendes Papageienblatt
Cabomba furcata	Gegabelte Haarnixe
Vesicularia dubyana	Javamoos
Hemianthus micranthemoides	Zierliches Perlenkraut
Limnophila aquatica	Wasser-Sumpffreund
Ludwigia arcuata	Kriechende Ludwigie
Microsorum pteropus	Javafarn
Nesaea sp.	Roter Weiderich
Riccia fluitans	Teichlebermoos
Rotala indica	Feinblättrige *Rotala*
Rotala macrandra	Dichtblättrige *Rotala*
Rotala walichii	Feinblättrige *Rotala*
Rotala sp.	-
Caridinia japonica	Yamatonuma- Garnele
Megalamphodus sweglesi	Roter Phantomsalmler
Otocinclus sp.	Zwerg-Harnischwels

Besatz zu „Fantastischer Wald“:

Eleocharis acicularis	Nadelsimse
Eusteralis stellata	Sternpflanze
Vesicularia dubyana	Javamoos
Hemianthus micranthemoides	Zierliches Perlenkraut
Ludwigia arcuata	Schmalblättrige Ludwigie
Ludwigia repens	Kriechende Ludwigie
Micranthemum umbrosusm	Rundblättriges Perlenkraut
Nesaea sp.	Roter Weiderich
Riccia fluitans	Teichlebermoos
Rotala indica	Feinblättrige *Rotala*
Rotala macrandra	Dichtblättrige *Rotala*
Rotala walichii	Feinblättrige *Rotala*
Rotala sp.	-
Caridinia japonica	Yamatonuma- Garnele
Gasteropelecus sternicla	Silberbeilbauchfisch
Otocinclus sp.	Zwerg-Harnischwels

Die richtige CO_2-Versorgung

Das im Aquarium zur Verfügung stehende CO_2 allein gewährleistet kein gutes Pflanzenwachstum. Dieses CO_2 gelangt durch die Atmung der Fische und anderer Organismen sowie durch physikalische Lösungsprozesse ins Wasser. Im Zuge der Photosynthese wird das zur Verfügung stehende CO_2 von den Pflanzen verbraucht. In der Folge steigt in weichem Wasser der pH-Wert und es wird alkalisch. Dies ist dann für viele Pflanzen und Fische nicht sehr zuträglich. Deshalb ist es notwendig, in Pflanzenaquarien eine Anlage zur künstlichen Versorgung mit Kohlendioxid zu installieren. Inzwischen gibt es eine ganze Reihe Hersteller, die unterschiedliche Systeme anbieten. Zur gleichmäßigen CO_2-Versorgung ist nur eine Anlage mit kontrollierter CO_2-Abgabe sinnvoll. Es darf kein Mangel an CO_2 eintreten, aber auch eine erhebliche Überversorgung kann schädliche Folgen haben und verursacht zudem durch hohen Verbrauch unnötige Kosten. Sollten die Wasserpflanzen trotz CO_2-Zugabe nicht richtig gedeihen, dann ist entweder die Beleuchtung zu schwach, die Zugabe der weiteren Düngestoffe nicht richtig dosiert, das konkurrierende Algenwachstum zu kräftig oder die zugeführte CO_2-Menge ist nicht ausreichend. Um die richtige CO_2-Menge für das Aquarium zu ermitteln, muß die Sauerstoffproduktion der Pflanzen beobachtet werden. Etwa zwei Stunden nach der ersten CO_2-Zugabe müssen kleine Gasbläschen an den Blättern der Wasserpflanzen erscheinen. Wenn sich auch bei kräftiger CO_2-Versorgung keine Bläschen bilden, ist entweder die Beleuchtung zu schwach (s. o.) oder der Filter funktioniert nicht richtig. Ein ähnlicher Effekt tritt auf, wenn zuviel Licht angeboten wird, aber die CO_2-Versorgung nicht ausreicht.

Ein wichtiger Parameter zur Ermittlung der richtigen benötigten CO_2-Menge ist der pH-Wert. Durch die Zugaben von CO_2 bildet sich gelöstes Kohlendioxid und die daraus entstehenden Carbonationen führen zum Absinken des pH-Werts. Steigt der pH-Wert in weichem Wasser, so ist auf einen CO_2-Mangel zu schließen. Jedoch ist diese vereinfachte Beziehung zwischen pH-Wert und Gehalt an gelöstem CO_2 im Wasser nicht in allen Fällen richtig. In der Regel ist in eingefahrenen Aquarien aufgrund der Aktivität von Mikroorganismen, die Ammonium oxidieren und Nitrat produzieren, der pH-Wert niedriger. In diesem Falle muß keine CO_2 zugegeben werden, denn, vorausgesetzt der niedrige pH-Wert resultiert aus einem hohen Nitratgehalt, so ist vielmehr dringend ein Wasserwechsel notwendig. Vor allem in der ersten Phase der Entwicklung eines Aquariums muß der Nitratgehalt gut kontrolliert werden und es ist mit der Notwendigkeit einer höheren zuzuführenden CO_2-Menge zu rechnen. Wenn jedoch von Anfang an genügend Bakterien im Wasser und Bodengrund sowie im Filter vorhanden sind, dann muß es nicht notwendigerweise zu einer

großen zuzuführenden CO_2-Menge kommen, da die Bakterien durch ihren Stoffwechsel genügen Kohlendioxid produzieren. Wichtig ist der Vergleich des pH-Werts von morgens und abends, um den CO_2-Verbrauch der Wasserpflanzen zu ermitteln.
Morgens, vor dem Einschalten der Beleuchtung, sollte der pH-Wert niedrig sein, da die Pflanzen in der Nacht - ähnlich wie die Fische - Sauerstoff verbraucht und CO_2 produziert haben. Am Abend, vor dem Abschalten des Lichts, sollte der pH-Wert hingegen höher sein, weil die Wasserpflanzen im Verlauf der Photosynthese tagsüber Kohlendioxid verbrauchen und Sauerstoff produzieren. Wenn der Unterschied zwischen den beiden Werten groß ist, dann kann daraus auf einen hohen Stoffumsatz der Pflanzen und damit auf ihre Gesundheit geschlossen werden.
Der Grund dafür, daß der pH-Wert tagsüber trotz CO_2-Versorgung kaum sinkt, liegt an dem eben beschriebenen Prozeß der Photosynthese. Der optimale pH-Wert für viele Wasserpflanzen und Fische ist am Tage zwischen 6,8 und 7,5 anzusiedeln. Notfalls kann zur Anhebung des pH-Werts etwas Kaliumpermanganat hinzugegeben werden, doch sollte es niemals versucht werden, mit chemischen Mitteln den pH-Wert zu senken.
Unter optimalen Verhältnissen bildet sich selbst im kleinen Aquarium, wie in der Natur, ein ökologisches System, das ein sogenanntes Fließgleichgewicht oder ökologisches Gleichgewicht darstellt.

An den Sauerstoff produzierenden und Kohlendioxid verbrauchenden Wasserpflanzen bilden sich kleine Gasbläschen.

Ein gut funktionierendes Aquarium ähnelt einem Ausschnitt aus der Natur.

ADA Original Garten Würfel
Dies ist ein in Handarbeit gefertigtes Aquarium aus 3 bis 5 mm starkem Vollglas ohne Verwendung von Silikon.

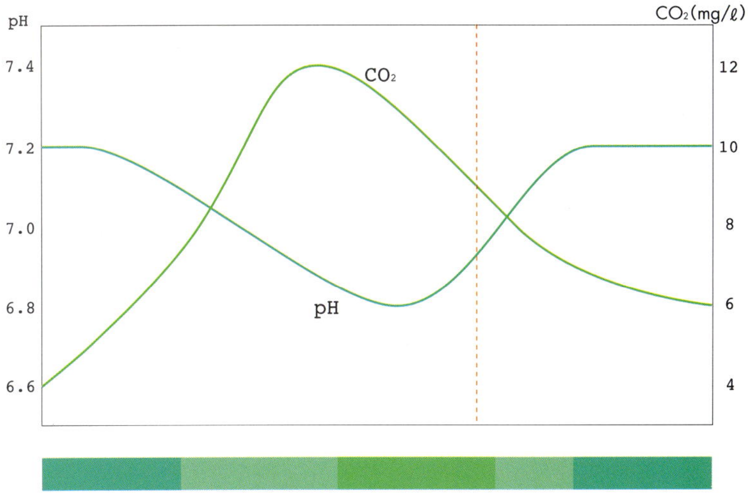

Sauerstoff- und pH-Wertkurven: Im Aquarium und in der Natur stimmen diese in intakten aquatischen Ökosystemen weitgehend überein.

Amano verwendet in Japan hochwertige Grundstoffe und Materialien für seine Schauaquarien.

ADA Original Garten Würfel

Dies ist ein in Handarbeit gefertigtes Aquarium aus 3 bis 5 mm starkem Vollglas ohne Verwendung von Silikon.

Beleuchtungssysteme

Grünwuchs-Beleuchtungssystem
Ein System für 60 x 30 cm-Aquarien, enthält vier 20 W-NA-Leuchten. Eine reflektierenden Deckplatte erhöht die Lichtausbeute um 30 %. Eine Kühlung verhindert die Überhitzung der Leuchten. Angepaßte Öffnungen erlauben die Installation der Filterschläuche und anderer Leitungen.

NA-Leuchte
Ein speziell für das Wachstum der Unterwasserpflanzen entwickelter Leuchtentyp, der die optimale Nutzung des Lichtspektrums durch die Pflanzen ermöglicht. Zudem ist eine natürliche Wiedergabe der Pflanzenfarben gewährleistet.

Bodengrund

Oiso Sand
Besteht aus feinem Kies, stammt aus der Japanischen Oiso-Region.

Aquarium Bodengrund Serie
Substrate aus speziell zusammengestellten natürlichen Böden. Diese tragen zur Klärung des Aquariumwassers, zur Härtesenkung und zur Stabilisierung eines niedrigen pH-Wertniveaus bei. Die Granulatkörnung fördert die Ausbildung der Wurzelsysteme der Pflanzen und deren guter Verankerung. Außerdem ist ein „Power Typ" von spezieller feiner Körnung verfügbar. Diese speziellen Aquariumbodengrundmaterialien wurden nach limnologischen Untersuchungen in den drei Tropenwaldregionen der Welt zusammengestellt: „Africana" für den Zentralafrikanischen Regenwald, „Amazonia" für das Amazonasbecken und „Malaya" für die Regenwälder Südostasiens.

Power Sand Untergund Substrat
Vulkangestein und Torfbasis-Substrat. Enthält spezielle organische Bestandteile und Aktivatoren der Mikroorganismenfauna. Das Untergrund-Substrat wird für die optimale Besiedlung mit den wichtigen Bodengrundbakterien benötigt.

Power Sand und spezial Untergrund Substrat
Vulkangestein und Torfbasis-Substrat wird für eine günstige Entwicklung des gesamten Wasserpflanzenlebens benötigt. Auch dieses Untergrund-Substrat ist für die optimale Besiedlung mit den wichtigen Bodengrundbakterien wichtig.

Bacter 100
Aktivator für der Bakterienfauna des Substrats; enthält 100 unterschiedliche Arten der wesentlichsten Bodenbakterien.

Super Klärer - Super Clear
Feine Aktivkohle plus Substrat zur Vorsorge für klares Wasser.

Filterung

Bio Rio
Biologisches Filtermaterial für Außenfilter. Poröses Vulkangestein zur guten Wasserzirkulation ermöglicht dank einer großen Oberfläche die effiziente Besiedlung mit aeroben Bakterien.

Bambus-Filteraktivkohle
Aktivkohleelement für biologische Filtersysteme zur Unterbringung im Außenfilter. Hergestellt aus Japanischem Bambus, nicht löslisch und bröckelt nicht, für eine einfache und effeziente Filterung.

Palmenfasernetz
Organisches Netz für Filtermaterial aus Palmenfasern, hart und lange haltbar. Benutzbar in jedem natürlichen Aquariumwasser.

Düngung

Grün-Klärer Stufe 1
Mineralstofformel für frisch eingepflanzte Jungpflanzen. Wird täglich benötigt, von der Erstbepflanzung bis zum dritten Monat.

Grün-Klärer Stufe 2
Mineralstofformel für Jungpflanzen. Wird täglich benötigt, vom dritten Monat bis zu einem Jahr nach der Erstbepflanzung.

Grün-Klärer Spezial Farbförderer
Spezielle Mineral-Nährstoff-Formel für langsam wachsende Schwachlicht-Pflanzen (*Cryptocoryne*, *Echinodorus* u. a.).

Grün-Klärer Spezial Light
Wasserpflanzen Mineral-Nährstofformel für schnell wachsende Starklicht-Pflanzen (*Riccia*, *Glossostigma* u. a.).

Klärer-K
Neutralisiert im Leitungswasser enthaltene Gifte, entchlort das Wasser und fördert die Wuchsstoffe für die Wasserpflanzen.

Phyton Git
Anti-Algen-Mittel, unterstützt die Pflanzen gegen schädliche Bakterien sowie parasitische Algen und fördert die Krankheitsvorsorge durch gesunde Pflanzen mit naürlichem Immunsystem. Die Bestandteile fördern die natürliche Exkretion von Anti-Algenmitteln durch die Pflanzen.

Grün-Bacter
Nähr- und Förderungsmedium für nützliche Mikroorganismen. Die Düngefomel aktiviert und unterstützt die mikrobielle Aktivität im Aquarium.

Grün-Zuwachs
Wasserpflanzendünger mit über 60 Mineralstoffen zur Unterstützung des Wasserpflanzenimmunsystems gegen Streß und Krankheiten.

ECA
ECA (**E**fficient **C**omplex **A**cid = effizienter Säurekomplex) ist ein flüssiges Additiv für das bepflanzte Aquarium. Es enthält natürliche organische Säuren und Eisen. Die organischen Säuren aktivieren die Bakterien und fördern die Kondition der Pflanzen und nützlichen Bakterien des Aquariums. Eisen ist ein unersetzbarer Bestandteil des Pflanzenstoffwechsels; es stimuliert die Photosynthese und aktiviert die Enzymfunktionen der Wasserpflanzen.

CO_2-Zubehör

System 74 forest, CO_2-Düngung
Spezielle Kohlendioxid-Düngung für das Wasserpflanzenaquarium, bewirkt gleichzeitig eine Desinfektion und Durchlüftung des Wassers.

Glas-Blasendiffusor
Von Hand hergestellte Glas-CO_2-Membran für kleine Aquarien bis 60 x 30 cm. Mikroporen garantieren die ständige Versorgung des Aquariums mit CO_2.

CO_2-Glas-Zähler
Von Hand hergestellter Glas-CO_2-Blasenzähler zur exakten Messung der CO_2-Lösungsrate durch Zählung der CO_2-Blasen pro Sekunde.

Wahl-Glas-Gasblasenlöser
Ermöglicht die CO_2-Gasdiffusion in großen Aquarien. Das einzigartige Design wurde einem Afrikanischen Käfer nachempfunden.

CO_2-Blasenzähler
Von Hand hergestellter Glas-CO_2-Blasenzähler zur exakten Messung großer CO_2-Mengen. Zur Ergänzung der Wahl-Glas-Serie zur exakten Messung der CO_2-Lösungsrate.